U0128128

貴州少數民族語言文字研究
上冊

韋　煜　主編

目錄 CONTENTS

少數民族語言理論

少數民族語言的本體與使用

C O N T E N T S

少數民族文字

少數民族語言理論

多民族國家少數民族兼用通用語的趨勢及國家策略

——以中、泰、緬、寮四國為例

戴慶廈

在多民族國家，通常有人口較多的民族和人口較少的民族（又稱少數民族）之分。少數民族為了發展自己，除了使用自己的母語外，還會不同程度地兼用國家通用語（有的稱「國語」，有的稱「官方語言」。這幾個詞的概念雖有一定的差異，但相同點是對內是全國不同民族通用的語言，對外是代表這個國家的語言。為敘述方便，本文用「通用語」統稱）。

一個多民族國家，少數民族兼用國家通用語的狀況如何，有什麼類型，有哪些規律，發展趨勢如何，國家的語言規劃應採取什麼策略，是語文工作必須面對和解決的重要問題。本文以中國、泰國、緬甸、寮國四國（以下簡稱「四國」）的少數民族語言生活為例，論述多民族國家中少數民族兼用通用語的特點、趨勢及國家應採取的策略。

一、少數民族兼用通用語是語言生活的總趨勢

多民族國家的語言生活主要存在以下三對關係：一是少數民族母語和通用語的關係。即少數民族既要堅持使用自己的母語，又要兼用國家通用語，二者的關係怎麼處理、怎麼對待？二是國家通用語和方言的關係。即二者的關係怎麼處理，通用語的推行和普及要達到什麼程度才算合理？三是本國語言和外國語的

關係。即二者的要求、比例怎樣定才算合理？這三對關係解決好了，多民族國家的語言生活就會朝著有利於社會進步的方向發展，就會有助於社會的和諧。可見，少數民族兼用本國的通用語，是多民族國家語言生活的內容之一，也是多民族國家的重要國情之一。[1]

從四國的情況看，這些國家的少數民族除了堅持使用自己的母語外，都普遍兼用該國的通用語。總體來看，除了一些邊遠地區或交通不便地區的民族不會通用語的情況外，大多數民族或一個民族中的大多數人都會兼用國家的通用語。

以寮國琅南塔省的克木人為例，該省的克木人都穩定使用母語。二〇〇九年，我們課題組對琅南塔省南塔縣回單、查倫蘇、會胡、納杜四個村寨的 1282 名克木人（6 歲以上）的克木語使用情況進行調查，調查結果顯示：能夠熟練使用寮國通用語的有 1051 人，占 82%；另有 231 人能用寮國語進行一般交流，占 18%。這說明，這個地區的克木人兼用通用語屬於全民兼用型。[2] 二〇一五年十二月，我們課題組又對寮國琅南塔省南通村傣泐族的語言生活做了個案調查，隨機選取十九戶中的 99 人進行調查。這 99 人中，既包括讀小學一年級的五歲兒童，也包括七十多歲的老者。調查結果表明：南通村的傣泐族人口全部能熟練兼用寮國語。

在泰國，我們看到少數民族都能不同程度地兼用泰國的通用語泰語。二〇〇七年，我們到泰國清萊府萬尾鄉阿卡人居住的地區，通過對雅普寨、老魯寨、傣約寨、桑緬寨、森傑棱村、匯合麥寨、匯合高寨等七個村寨 1271 名阿卡人的語言能力的測試，獲知能熟練使用泰語的有 777 人，占 61.1%，能進行一般交流的有 349 人，占 27.5%。兩項加起來是 1126 人，占總數的 88.6%。這就是說，這裡的阿卡族除了全民穩定使用自己的母語阿卡語外，半數以上的人還熟練兼用泰語。二〇一〇年一月，我們又到泰國清萊府辦都鎮普凱村調查拉祜族的語言使用情況。該村拉祜族除了普遍堅持使用自己的母語外，還不同程度地兼用泰語。在抽樣調查的 192 人中，熟練掌握泰語的有 98 人，占 51%，一般掌握的有 58 人，占 30.2%。兩項加起來有 156 人，占 81.2%，即超過半數的人會泰語。[3] 二〇一二年，我們課題組又到泰國清萊府調查優勉族的語言使用情況。這裡的優勉族普遍使用自己的母語，還不同程度地兼用泰語。通過對帕萊龍村 972 人的語言兼用能力的測試，我們發現有 932 人能熟練兼用泰語，占 95.9%，有 40 人能一般使用泰語，占 4.1%，兩項加在一起是 972 人，即全部都能兼用泰語。[4]

緬甸是個多民族、多語言的國家，但究竟有多少個民族，有多少種語言說法不一。二十世紀八〇年代以來，緬甸官方認為緬甸有八大支系，一三五個民族。為了生存和發展，緬甸各少數民族大多能兼用緬語。我們調查了曼德勒地區克欽族（與中國的景頗族同出一源）的語言使用現狀，在曼德勒地區抽樣調查了十三戶，66 人。其語言使用情況是：各支系較好地保留了自己的母語，而且全民族熟練使用通用語——緬語，緬語普及的程度為百分之九十八點四。

中國的少數民族，在新中國建立之前，兼用漢語的人數比例很小，會使用漢語的主要是與漢族雜居地區的部分群眾，以及上過學有文化的人群，一般群眾會漢語的很少。一九五三年，筆者到雲南省德宏傣族景頗族自治州學習、調查少數民族語言，目睹了那裡的傣族、景頗族[5]、阿昌族[6]、德昂族、傈僳族等少數民族，除了上過學的以及與漢族人有交往的少數人外，大多數都不會漢語。但此後的半個多世紀，隨著經濟、文化的巨大變化，這個地區的少數民族大多已兼用漢語。以芒市五岔路鄉彎丹村為例，我們抽樣調查的211位景頗人，除了都會使用自己的母語外，其中熟練兼用漢語的有128人，占60.7%；略懂漢語的有67人，占31.8%，兩項加在一起是195人，占92.4%。又據《甘洛民族語言使用現狀及其演變》（木乃熱哈主編）調查，在418名彝族人中，能熟練使用漢語的有285人，占總人數的68.2%；屬於一般水準的有105人，占25.1%，兩項加在一起是93.3%。不會漢語的只有28人，占6.7%。這也說明，這個地區的彝族人大多都會漢語。

二、少數民族兼用國家通用語的特點和成因

要認識多民族國家少數民族兼用本國通用語的總趨勢，必須科學地弄清兼用通用語的特點和成因。因為趨勢是由特點、成因決定的。

（一）少數民族兼用本國通用語的特點

少數民族兼用本國通用語既有共性又有個性。

共性主要有：

（1）這個趨勢的出現是由多民族國家發展的需要、各民族自身發展的需要決定的，是符合社會發展規律的。所以，兼用通用語是少數民族的

自覺行為，是不可阻擋的。不管是哪個多民族國家，人口少的民族都會有一部分人兼用通用語。

（2）這個趨勢將隨著現代化進程的深入發展不斷增強，表現在少數民族兼用通用語的人數不斷增多，水準不斷提高。比如：一九五六年筆者到雲南紅河州綠春縣做語言調查時，那裡的哈尼人除了上過學的、外出謀生的少數人外，95%的哈尼人都不懂漢語，而二〇一〇年筆者重返綠春縣調查時，發現約 80%的居民都懂漢語。我們調查了大寨、坡頭、廣嗎車裡的四二五〇位哈尼人，其中熟練使用漢語的有三〇〇四人，占 70.7%；略懂的有八一二人，占 19.1%，兩項加在一起有三八一六人，占 89.8%。

（3）這個趨勢存在不平衡性。表現在不同國家之間、同一國家內部不同民族、不同人群之間（不同職業、不同性別、不同年齡），其兼用通用語的水準及品質存在不平衡。不平衡性是由社會發展的不平衡性、人口多少的不同、聚居情況的差異、族際婚姻的多少等因素決定的。在中國，南方民族如壯、仫佬、白、阿昌等民族兼用通用語的比例比北方民族如維吾爾、哈薩克等民族大得多，但北方的朝鮮族、錫伯族兼用通用語的比例則很大。

不同的個性主要有：

（1）兼用通用語的類型不同。由於不同國家在社會經濟、文化教育、人口分布上各具特點，因而兼用通用語必然會存在不同的類型。兼用語類型有發達型和不發達型之分。發達型又稱普及型，是指大多數人都能兼用通用語；不發達型是指只有少部分人能兼用通用語。如在寮國，傣族、傣仂族、媛族等民族，大多都能兼用通用語寮國語，屬於兼用語發達型；而拉祜族、阿卡族兼用寮國語的比例小，屬於不發達型。又如，中國的白族、納西族、基諾族[7]等，兼用漢語已進入全民性，而維吾爾族、哈薩克族等民族只有一部分人兼用漢語。

（2）通用語的歷史狀況不同。如中國的普通話成為各民族的通用語已有很長的歷史。從唐宋起以北方話口語為基礎的新書面語就已出現。明清以後，以北方方言為基礎方言、以北京語音為標準音的「官話」逐漸發展為全國通用的普通話。二〇〇〇年十月三十一日，第九屆全國人民代表大會常務委員會第十八次會議修訂通過了《中華人民共和國國家通用語言文字法》，在「總則」中明確指出其目的是「為推動國家通用語言文字的規範化、標準化及其健康發展，使國家通用語言文字在社會生活中更好地發揮作用，促進各民族、各地區經濟文化交流，根據憲法，制定本法。」不丹國確定宗卡語為通用語是在一九六一年。在這之前，雖然宗卡語在不丹國官員及僧人中得到廣泛的應用，但書面語或書寫一般都用藏文。一九六一年，不丹國第三代國王吉美多吉旺秋把宗卡語視為不丹國通用語，下令屬於發展計畫內的各所學校必須使用宗卡語，在各所學校新設了從一年級到十二年級的學籍制度，宗卡語得到了很大的發展。

（3）母語與通用語相近度不同。有的近些，有的遠些。近的通用語學習起來比較容易，遠的難度較大。如泰國的壯語與泰語比較近，屬於同一語族，所以當地的壯族人學習泰語比較快，而拉祜族的語言與泰語差別大，屬於不同語族，學習難度大些。難和易的差別，影響通用語的普及度。再如寮國的傣泐語、傣語等與寮國語很接近，所以傣泐族、傣族就很容易掌握寮國語，而苗語、拉祜語等與寮國語區別較大，這些民族不易掌握寮國語。

（二）少數民族兼用本國通用語的成因

少數民族兼用本國通用語的成因是多方面的，既有政治、經濟的原因，又有文化教育的原因；既有內部原因，又有外部原因；既有現時原因，又有歷史原因。但主要原因是實際需要，即少數民族的生存和發展需要兼用本國通用語。這是最根本的原因。有的國家雖然在國家的憲法、法令上並沒有規定少數民族必須學習通用語，如泰國、寮國等國，但少數民族群眾都自覺地去學習通用語。

少數民族學習通用語的成因主要有以下方面：

（1）少數民族為了自身的發展，需要學習、使用通用語。通用語是代表該國的語言，其對內是不同地區、不同民族之間通用的語言，對外是代表這個國家的語言。所以所有的少數民族都有學習、使用通用語的願望和要求，都知道如果不掌握通用語，升學、就業乃至出國都將遇到不可逾越的困難。只要有了發展的意識，就會有學習通用語的要求。有的民族或民族中的一部分人，當他們還處於偏僻地區與外界隔離時，不會有學習通用語的要求，而當他們走出家門與外界接觸後就會萌生學習通用語的念頭。

（2）少數民族要與其他民族溝通，需要學習、使用通用語。一個多民族國家的語言交流主要有兩方面：一方面是不同地區人群之間的交流；

另一方面是不同民族之間的交流。此外，還有家庭內部、社區內部、不同行業之間的交流。一個少數民族，其生存和發展離不開與主體民族、其他少數民族的交往、交流。要實現這種交流，必須掌握國家的通用語，否則外出時就無法生活。

隨著經濟一體化、資訊一體化的推進，人們要維持社會的正常運轉，在語言生活中始終離不開一個不同民族都能聽懂的語言——通用語。從這個意義上說，各民族共同使用一個讓全國人民都能溝通的通用語，是多民族國家能夠生存和發展的必備條件。

（3）少數民族要及時地掌握世界先進的科學文化知識，就必須學習、使用國家的通用語。一個多民族國家獲取世界最新資訊，包括世界的變化和進步的資訊，往往是用通用語再在全國傳播的。少數民族要獲取世界最新資訊，掌握通用語是最為便捷、最有效的途徑，四國的情況都是這樣。當然，有些有文字的民族可以通過本族文字的翻譯來了解世界，掌握新的知識，但這終歸是有限的、不及時的。

（4）少數民族優秀的歷史文化和發明創造，要通過國家通用語向外傳播。世界上不管哪個民族都會有它獨特的、不可替代的文明和傳統文化，每個民族的文化都是該國及人類文化的一部分。少數民族如果能夠使用通用語，就能夠直接地、更好地對外介紹、宣傳、傳播本族優秀的文化和發明創造。

三、少數民族母語和國家通用語的關係具有多重性

母語和通用語的關係是複雜的，具有多重性的特點。主要有：

（一）母語和通用語具有統一性

多民族國家的不同語言，不是零散互不相關的，而是長期形成的一個緊密相關的、不可分離的統一體。日常的語言生活，都有各種語言在參與，在活動；國家的語言規劃，必須考慮每種語言。這種統一性隨著社會的發展不斷調整、不斷完善，使其為統一的國家服務。

（二）母語和通用語具有互補性

多民族國家的不同語言，各有自己的特點。在語言功能上，各有自己的長處，也各有自己的短處，四國的共同點是：少數民族語言多在民族內、家庭內、村寨內使用，這些地方是少數民族母語使用最活躍的場所。但在不同民族之間、多民族雜居區、高等學校、電視廣播、政府機構等場所或領域，則多用通用語。二者功能辯證地互補，揚長避短。

（三）母語和通用語具有矛盾性

母語和通用語存在差異，必然會帶來矛盾，其表現為：通用語因其使用人口多、功能大，會對少數民族母語的使用產生「擠壓」。特別是在經濟一體化、資訊一體化不斷強化的歷史時期，通用語的權威性會使得一部分少數民族忽視本族語言的使用，而全盤接受通用語。在幼稚園、小學要不要傳授民族語、怎麼傳授，往往成為民族語文教育工作者棘手的問題。

（四）處理好母語和通用語關係的基本原則

怎樣處理好少數民族母語和國家通用語的關係，是語言關係研究中的一個重要理論問題。科學地認識少數民族母語和國家通用語的關係，才能在對策上擺正二者的關係，也才能順其規律、因勢利導地做好語文工作。多年的經驗和教訓證明，民族語文工作中的失誤，大多與不能科學地認識這種關係有關。

怎樣處理好少數民族母語和國家通用語的關係？筆者認為：基本原則是堅持語言平等、重視語言保護。

母語是構成民族的一個重要特徵，甚至是第一位的特徵，所以少數民族都關心自己母語的生存和發展，都把維護自己母語的使用當成維護自己民族的權利一樣對待。這種特殊的民族感情，是不易用語言說清楚的。母語的重要性，既有應用價值的一面，又有感情價值的一面。在一定條件下，如民族矛盾一時加劇或出現異常時，感情價值會升高，壓倒應用價值。所以，多民族國家的少數民族都具有保護母語使用的天然感情。對待少數民族母語，要加以保護。但少數民族生活在一個多民族的語言環境裡，面對著語言功能強大的通用語，出於自身發展的客觀需要或平衡語言交際的需要，都會自覺地學習使用通用語，這是關係到少數民族能否在現代化進程中順利發展、能否與其他民族和諧共贏的大問題。

所以，在對策上要二者兼得，兩全其美。在對待強勢語言和弱勢語言的關係上，要重視對弱勢語言的保護，多給幫助。

參考文獻

〔1〕戴慶廈.構建中國多民族語言和諧的幾個理論問題〔J〕.中央民族大學學報（哲學社會科學版），2008（2）.

〔2〕戴慶廈.老撾琅南塔省克木族及其語言〔M〕.北京：中國社會科學出版社，2012.

〔3〕戴慶廈.泰國萬偉鄉阿卡族及其語言使用現狀〔M〕.北京：中國社會科學出版社，2009.

〔4〕戴慶廈.泰國清萊拉祜族及其語言使用現狀〔M〕.北京：中國社會科學出版社，2010.

〔5〕景頗族簡史編寫組，等.景頗族簡史〔M〕.北京：民族出版社，2008.

〔6〕戴慶廈.阿昌族語言使用現狀及其演變〔M〕.北京：商務印書館，2008.

〔7〕戴慶廈.基諾族語言使用現狀及其演變〔M〕.北京：商務印書館，2007.

（原載於《黔南民族師範學院學報》2017 年第 2 期）

語言保護的再認識

戴慶廈

一、語言保護是中國現代化建設中的一件大事

在黨的十七屆六中全會通過的《中共中央關於深化文化體制改革推動社會主義文化大發展大繁榮若干重大問題的決定》（2011 年 10 月）中，黨中央提出了「科學保護各民族語言文字」（以下簡稱「語言保護」）的新決策，筆者認為可以從以下兩方面理解其重要的理論意義和價值。

（一）「語言保護」的提出有其國情理據

中國進入二十一世紀後，在現代化建設的驅動下，政治、經濟、文化各個領域都發生了重大變化。作為與社會各個領域密切連繫的語言，其狀態、其變化、其價值也會隨著國家的變化而出現許多原先沒有預想到的新特點和新問題，需要進行科學的治理和規範。

從整體上看，現代化建設使中國各民族語言的使用功能和價值比過去更重要，其使用價值、文化價值和感情價值會比過去更大，這就需要國家採取必要的政策、措施保證其順利發展。與此同時，由於現代化進程中各民族在社會、經濟、文化方面的變化以及族群關係的變化，許多弱勢語言的生命力會出現不同程度、不同形式的衰退，有的甚至出現瀕危的局面，這

也需要國家採取必要措施抑制其衰退，保護其生命力。

「科學保護」正是在這樣的歷史背景下提出的，是非常及時的。這是黨和政府在新時期對待中國語言文字的指導思想，是繼憲法提出的「各民族都有使用和發展自己語言文字的自由」後的新理念。[1]

（二）「科學保護」是中國語文方針在新時期的新發展

黨和政府對待語言文字問題的基本思想，是憲法中寫入的「各民族都有使用和發展自己的語言文字的自由」。[1] 這是對待語言問題的基本原則，它是「科學保護」的前提和基礎。今天提出的「科學保護」，其基本精神與上述憲法的規定是一致的，但又有了新的內容。

「科學保護」主要是強調「保護」二字，即語言不僅有使用、發展的自由，還應受到保護。這是因為在現代化進程不斷推進的今天，由於社會結構和人群的變動，經濟生活的大幅度變化，以及資訊一體化的不斷增強，語言使用和發展會出現前所未有的複雜問題。即使是強勢語言——漢語，也存在在新的形勢下如何使用和發展的問題，如規範化、資訊化等問題，而有的方言會由於各種社會原因出現不同程度的功能衰退。大量弱勢語言則因其在與強勢語言的競爭中出現不同程度的衰退甚至瀕危，產生更多生存與發展的新問題。[1]

總之，科學保護各民族語言文字是中國語文方針順應時勢在新的社會條件下的新舉措，是中國解決語言文字問題的新國策。

二、語言保護是全方位的，包括中國各民族語言

語言保護政策是針對中國各民族語言提出的，包括漢語和各少數民族語言。不能認為這只適用於少數民族語言，或只適用於使用者很少、處於瀕危狀態的少數民族語言。

漢語是中國使用人口最多的語言，是各民族的通用語，但在現代化進程中也同樣需要保護。因為在現代化進程中，漢語的功能、價值如何與社會的要求相適應，漢語如何健康地、科學地發展，都需要予以關注。

在現代化建設新時期，漢語的功能應如何定位，是一個重要的語文問題。定位偏低，有礙社會的發展、進步；定位偏高，違反漢語自身的負荷量。國家的語文政策的作用之一，是通過政策、措施調整其功能，使其與社會需要相一致。

漢語有八大方言，每種方言都是各地人民大眾世世代代智慧的結晶，蘊含著無盡的文化遺產。但在經濟大潮的衝擊下，在交通不斷便捷的環境下，在各地人員不斷流動的條件下，在普通話不斷普及的形勢下，一些方言的生態環境不容樂觀，呈現出衰退的趨勢。方言保護成為新時期語言保護中的一個重要方面。

在社會進步較快的歷史時期，語言的變化最為活躍，特別是在詞彙上的反映最為明顯。漢語近十多年有了很大的變化，出現了很多網路新詞，還出現了一些新的語法結構。其中，有的符合漢語規律，有很強的生命力，有可能進入全民口語中；但有的屬於生造、硬造的，不符合漢語規

律，缺乏生命力。語言保護要對新時期漢語的變化進行規範，遏制不規範、不符合漢語發展規律的語言現象。

語言政策要有利於鞏固和發展漢語的國內通用語地位和國際大語種地位。漢語被確定為中國各民族的通用語，其功能和地位得到了確認，如何更好地發揮通用語的作用，如何處理好通用語和非通用語的關係，這是語言保護要做的事。在國際上，漢語作為一個重要的大語種，也存在著如何為世界各國人民所接受的問題。

掌握多語種是人類進步的表現。中國各民族除了學習使用自己的母語外，還應學習外語，由此需要處理好本國語和外語的關係問題。語言保護，既要保護本國語的使用和發展的權利，又要保證外國語的學習效果。

少數民族語言的保護面臨著更為繁重的任務。雖然中國各民族語言在政策上是平等的，但在語言關係上客觀地存在強勢語言和弱勢語言之分，而對弱勢語言的保護則有著更為繁重的任務。保護少數民族語言主要有以下幾個方面的內容。

在現代化進程中，少數民族社會的進步速度比以往任何時候都快，變化內容比以往都多，因而少數民族語言也出現了許多意想不到的變化。在新的形勢下，少數民族語言如何適應社會的進步，如何更好地為社會發展服務，是語文工作中必須研究解決的大問題。

由於經濟一體化、資訊一體化的快速發展，以及通用語的普及，少數民族語言的部分功能不能完全適應社會發展的需要，甚至出現不同程度的衰退，需要國家予以保護，予以扶持，使其適應社會發展的需要。

由於各種社會原因，中國少數民族語言中有少量出現瀕危的局面，這就需要政府和社會力量進行必要的搶救，包括記錄母語、培養母語傳承人等。首先應該根據不同民族的特點和需要，扶持少數民族語言文字的使用和發展，培養少數民族語文人才。此外，應該協調少數民族語言和強勢語言漢語的關係，使不同語言穩定地走上「互補、互諧」的發展軌道。

大力發展雙語教育，實現母語和兼用語和諧發展，防止顧此失彼，片面強調一頭。

三、語言保護是一項系統工程

語言問題涉及社會的方方面面，包括文化、教育、科技、傳媒的各方面，所以語言保護是一項全社會都必須關注的系統工程。

在認識上，不能把語言保護看成是只針對弱勢的少數民族語言的事情，而應當看成是針對中國各民族語言提出的一項新政策。所以在實施中要通盤設計，統籌安排，分類對待。

語言保護的目的是既要防止語言衰退、挽救語言瀕危，又要使健全的語言能夠健康地向前發展。「治病」是必要的，但主要力氣要用在「預防」上，不能把語言保護只當成是搶救記錄少數即將瀕危的語言。

必須增強全社會的語言資源觀念和語言保護意識。當前，社會上出現了一些不符合語言保護的認識，不理解國家為什麼要提出語言保護的新政策。例如：有人認為「漢語方言被普通話取代是大勢所趨，沒有必要保護」；有人認為「時代進步了，少數民族語言的消亡已成趨勢，保護和搶救有什麼價值」，「少數民族語言功能弱被漢語代替是必然趨勢」等等。〔1〕

人類雖然天天都在使用自己的語言，但對語言的重要性並不都能認識到位。許多人對「社會和諧、民族和諧」能理解、接受，能很快認識到其重要性；但對語言和諧、語言保護卻不易很快地理解、接受，在實際生活中往往缺乏語言資源觀念和語言保護意識。〔1〕

必須使全國公民認識到：語言不保護，任其衰退、不規範，其破壞性是嚴重的。它會使人類長期積累起來的傳統喪失，造成知識傳承的斷裂；它會使民族關係出現摩擦，甚至出現民族矛盾；它會阻礙現代社會的安寧和諧，阻礙現代化建設。

四、語言保護中的幾個理論問題

語言保護是一個新的命題。語言保護研究如今正處於初始階段，必須重視關於理論問題的探討。各民族語言生活的形成，都有其客觀因素和條件，要從實際的語言生活中分析、歸納、提煉理論問題。現階段語言保護研究的理論問題主要有：

（一）怎樣看待現代化進程中語言功能的變化

現代化進程必然會引起語言功能的變化，但不同民族、不同地區的變化方式、變化程度究竟有何不同，這需要進行對比和排序。

要弄清現代化進程為什麼會使語言功能發生變化，為什麼不同語言存在功能強弱的差異，怎麼看待這些差異。

要分析制約語言國情的因素，包括人口多少、分布狀況（雜居或聚居）、民族關係（和諧或不和諧）、歷史因素（歷史上的語言使用狀況）、語言態度（對母語或通用語的感情）、婚姻狀況（族內婚或族際婚）、宗教狀況等。

（二）怎樣認識語言生活中多元化和一體化的關係

現代化進程中，隨著經濟一體化、資訊一體化的加深，弱勢語言的功能會出現不同程度的衰變，有的語言甚至會出現瀕危的局面。那麼，隨著現代化進程的加快，語言生活是否還能保持多元化的格局？如果現代化進程會使語言數量逐漸減少，又該如何理解語言保護的意義？保護衰變語言和瀕危語言，其價值又何在？

（三）怎樣認識語言競爭與語言保護的關係

在多語社會裡，語言關係既有互補的一面，又有競爭的一面。語言競爭是不可避免的。弱勢語言在語言競爭中會出現衰變，甚至會被強勢語言所代替。那麼，語言保護在語言競爭中應起到什麼作用？

（四）怎樣認識強勢語言與弱勢語言的關係

做語言保護，必然會遇到如何看待強勢語言與弱勢語言關係的問題。不同語言出現在同一社會裡，由於各種原因，其功能必然是不一致的。有的語言，功能強些；有的語言，功能弱些。強弱的不同，使語言在使用中自然分為「強勢語言」和「弱勢語言」。這也是客觀存在的事實。多語社會的不同語言，語言競爭通常出現在強勢語言與弱勢語言之間，其關係錯綜複雜。〔2〕

在中國，漢語由於使用的人口多，歷史文獻多，早已成為各民族語言中的強勢語言。漢語的這些強勢條件，使得它成為各民族之間相互交際的語言——通用語。少數民族語言由於使用人口相對較少，使用範圍相對較小，與漢語相比，是弱勢語言。漢語與少數民族語言在使用功能上的競爭是明顯的，語言競爭反映到人的語言觀念上，常常是對語言的選擇。〔3〕

強勢語言和弱勢語言之間的關係，既有競爭的一面，又有互補的一面，構成既對立競爭又和諧互補的統一體，在語言生活中缺一不可。語言保護研究中必須深入調查不同地區少數民族語言和漢語的關係，總結現在和歷史上少數民族語言和漢語和諧共存的經驗，摸索出一條和諧共存的路子。〔2〕

中國的少數民族語言文字有三個重要價值：一是應用價值，二是文化價值，三是感情價值。進入現代化新時期，不同民族的語言這三個價值究竟有什麼變化，這些都是需要研究的。

中國的語言保護正在穩步地向前發展，它將造福於各族人民，造福於子孫後代。我們需要做的事還有很多。

參考文獻

〔1〕戴慶廈.「科學保護各民族語言文字」研究的理論方法思考〔J〕.民族翻譯，2014（1）.
〔2〕戴慶廈.論開展全國第二次民族語言使用現狀大調查的必要性〔J〕.民族翻譯，2014（3）.
〔3〕戴慶廈.語言競爭與語言和諧〔J〕.語言教學與研究，2006（2）.

（原載於《黔南民族師範學院學報》2016年第3期）

中國語言統一性例說

張振興

根據最新出版的《中國語言地圖集》，中國有一百三十種語言。除了漢語外，其他一百二十多種都是少數民族語言。[1] 中國語言資源豐富，是名副其實的語言資源大國。就語言調查研究人員隊伍以及調查研究成果來說，大概也算得上是語言資源強國。

中國語言複雜多樣，具有統一性和分歧性。著名語言學家李榮教授在「中國的語言」一圖的說明裡說道：「中國語言的基本情況有統一和分歧兩個方面。東南各省漢語方言差別很大，全國還有幾十種少數民族語言。因此，一般人都知道中國語言分歧的方面，忽略中國語言統一的方面。中國人民百分之九十五說漢語，使用全國統一的文字。漢語方言中最重要的官話方言，分布在長江以北和西南各省區的廣大地區……官話方言的一致性很高，通話沒有困難……本圖集充分反映了中國語言統一和分歧的實際情況。本世紀推廣普通話，進一步加強了語言的統一性。」[2] 這段話高度概括了中國語言的最重要特徵，反映了老一輩語言學家高度的學術自覺性和政治敏銳性。

中國語言的分歧性不用多說，但中國語言的統一性需要強調。《中國語言地圖集》在很多方面談到中國少數民族語言和漢語方言的共性問題，就是突出地反映了中國語言的統一性方面。許多漢語方言和民族語言學者也非常重視中國語言統一性的調查與研究。例如，由丁邦新、孫宏開主編的「漢藏語同源詞研究」叢書，裡面很多內容是可以用來證明中國語言統一性的特徵的。〔3〕〔4〕〔5〕

本文從另外一個角度，以幾個實例來證明漢語方言與民族語言之間的統一性。

一、詞頭「阿」

漢語方言裡廣泛使用名詞詞頭「阿」，或加詞頭「阿」構成名詞或名詞性成分，這都是口語裡最常用的說法。從讀音上說，「阿」多讀作〔a〕或近似的其他讀音，但在很多方言裡卻讀作〔ka〕或近似的其他讀音。也就是說，口語裡讀作詞頭的〔a〕和〔ka〕或近似的其他讀音，都是「阿」。例如，游汝傑整理：〔6〕

	尤溪	龍岩	陽江	梅縣
喜鵲	ka^{3} tshi^{7}	a^{1} tshaʔ^{7}	a^{1} tʃhiɛk^{7}	a^{5} siak^{7}

	福州	建甌	莆田	杭州
跳蚤	ka^{5} ʒau^{3}	ke^{3} tse^{3}	ko^{1} tsau^{3}	ko^{1} tsɔ^{3}

寫成文字的時候，讀〔a〕的就寫作「阿」，如喜鵲，龍岩叫〔a^{1} tshaʔ^{7}〕，梅縣叫〔a^{5} siak^{7}〕，文字上都寫作「阿鵲」；可是讀〔ka〕或近似的〔ke^{3}〕，〔ko^{1}〕等讀音的，調查者一時不明就裡，往往寫成其他字形。如跳蚤福州叫〔ka^{5} ʒau^{3}〕，建甌叫〔ke^{3} tse^{3}〕，文字上《福州方言詞典》〔7〕和《建甌方言詞典》〔8〕就都寫作「虼蚤」。山西長治話中跳蚤叫〔daʔ^{54}

tsɔ^{535}〕，寫成文字也是「圪蚤」。[9] 山西等地帶「圪」字頭和「尕」字頭的詞特別多，細究起來很多都是帶詞頭「阿」的名詞。

零聲母的〔a〕類和〔k-〕類讀音在漢語方言裡是一對很常見的變音。其中，蘇州話和梅縣話是最好的例子。蘇州話和梅縣話的指示代詞如下：

	蘇州話	梅縣話
這個	該個 kE^{55} kəʔ^{0}	□個 kε^{31} kε^{51}
	哀個 E^{55} kəʔ^{0}	ε^{31} kε^{51}
那個	歸個 kuE^{55} kəʔ^{0}	□個 kε^{51} kε^{51}
	彎個 uE^{55} kəʔ^{0}	ε^{51} kε^{51}
這裡	該搭 kE^{55} taʔ^{0}	□□ kε^{31} ε^{11}
		ε^{31} ε^{11}
那裡	哀搭 E^{55} taʔ^{0}	□□ kε^{51} kε^{11}
		ε^{51} ε^{11}

以上蘇州話來自於《蘇州方言詞典》，[10] 梅縣話來自於《漢語方言詞彙》。[11] 蘇州話〔E〕與〔kE〕是一對變音，梅縣話〔ε〕與〔kε〕也是一對變音。非常有意思的是，這種變音的對應，也見於很多少數民族語言。例如，「喜鵲」的叫名：[6]

	壯語	傣語	侗語	水語	布依語
喜鵲	ka^{1} ɕa：k^{7}	ka^{1} tsak^{9}	a^{1} ɕa：k^{9}	qa^{0} ɕa：k^{7}	a^{1} jiaʔ^{7}

從詞彙層面上看，這裡壯語等少數民族語言中「喜鵲」的叫名，與上文尤溪、龍岩等地漢語方言的說法完全相同，也是「阿鵲」的讀音。其

實，帶「阿」類詞頭的名詞，在少數民族語言裡也是很常見的，而且也是零聲母的〔a〕類和〔k-〕類的變音形式。

二、吳語的「官」

吳語有的方言用「官」稱孩子。例如，《崇明方言詞典》裡「小孩」都叫「小官」(聲調按照實際讀音標注)：[13]

小官（小孩） ɕiɔ³³ kue⁴²⁴

小官頭子（對小孩的輕視說法） ɕiɔ⁴²⁴ kue⁵⁵ dɵ⁵⁵ tsɿ

男小官（男孩） ɦȵie²⁴ ɕiɔ³³ kue⁵⁵

女小官（女孩） ɦȵi³¹³ ɕiɔ³³ kue⁵⁵

大官（丈母娘對女婿的尊稱） du³¹³ kue⁵⁵

崇明話小孩叫「小官」，所以大孩子就叫「大小官」，很小的孩子就叫「小小官」，新郎官也叫「新小官」。和崇明相鄰的啟東、海門也有「小官」的說法。[14]

有些吳語方言把「小官」寫作「小干」，這是因為吳語很多方言中「官、干」同音之故。蘇州、常熟、崑山、青浦就用「小干」（蘇州也說「小干五」）指小孩。[15]江陰在趙書中未見用「小干」，而錢乃榮也有這樣說法。[16]

吳語方言的這種說法，也見於少數民族語言。雲南佤族一般被認為屬於南亞語系的孟高棉語族。佤族表「孩子」意思的詞就用漢譯音「官」或類似的「管」「果恩」表示，[17]而其國際音標，和吳語的「官／干」正相對應。例如：

西盟縣馬散大寨

兒子 kuan a mei（官阿妹依）

女兒 guan a pon（官阿布恩）

侄子、侄女、外甥、外甥女 kuan（官）

孫子、孫女、外孫、外孫女 kuan sai（官賽）

西盟縣岳宋寨

kuan tʌ mæ （管得媒）

kuan tʌ bʌn （管得崩）

瀾滄縣雪林大寨

kon si me（果恩西麥）

kon bun（果恩布恩）

孫子 kon sau（果恩掃）

孫女 kon sau bun（果恩掃布恩）

以上三個地方〔kuan（guan）〕和〔kon〕讀音略有差別，反映了佤語方言的差別。記錄少數民族語言不用漢字，這裡是依讀音寫漢字，所以〔kuan（guan）〕分別寫作「官」和「管」，〔kon〕寫作「果恩」。實際上都是吳語的「官／干」。

佤語的〔kɔ̠n〕也用作名詞的詞頭，來表示小稱或尊稱。以下例子來自顏其香等〔18〕：

tɔk 敲　　kɔn tɔk 木槌　　mian 拉祜族
kɔn mian 拉祜族（尊稱）　　sim 鳥
kɔn sim 小鳥兒　　pa rauk 佤族
kɔn rauk 佤族　　krauʔ 芋頭
kɔn krauʔ 芋兒　pui 人　　kɔn pui 人們
ŋai 眼睛　　kɔn ŋai 瞳孔

其實，用小稱或尊稱的音節或字樣作詞綴，是漢語以及少數民族語言裡常用的構詞手段。類似的例子如臨高話用 Be（伯）或 Ong-Be（翁伯），藏語用 bod pa（伯爸），緬語用 ba ma（爸媽），彝語用 su（叟），仡佬、仫佬、寮國用 lao（老），泰語用 Tai（大）作尊稱一樣，可能都和漢語對尊者、長者的稱呼有密切關係。

京語也稱越南語。歐陽覺亞等指出京語「具有漢藏語系語言的共同特點」〔19〕，還說過「京語壯侗語族諸語言相同或相近的特點就更多」。據歐陽覺亞等的記錄，京語稱孩子也叫〔kɔn^{1}〕，兒童叫〔tɛ^{3} kɔn^{1}〕，還可以用來稱子女一輩，如「kɔn^{1} ja：I 兒子 | kɔn^{1} ɤa：i 女兒 | kɔn^{1} jəu^{1} 兒媳 | kɔn^{1} je^{3} 女婿」，與漢語崇明一帶的方言「官／干」的用法完全相同。〔19〕其實，京語〔kɔn^{1}〕作為詞綴，具有更加廣泛的用法：

一是表示某種身分、職業的人，相當於漢語的「子」尾。只是在京語裡，這種類似的「子」尾前置了。例如：

kɔn^{1} buən^{1} 販子　kɔn^{1} nuəi^{1} 丫頭
子　販賣　　　　子　養
kɔn^{1} ha：t^{7} 歌女，戲子
子　唱

二是用作詞頭、詞尾，表示幼小、細小。例如：

vit^{1} kɔn^{1} 小鴨子 鴨 子	ɤa^{2} kɔn^{1} 小雞兒 雞 子
tsim^{1} kɔn^{1} 小鳥兒 鳥 子	bɔŋ^{5} kɔn^{1} 小球兒 球 子

三是也可用作動物名詞的詞頭。下列例子來自於歐陽覺亞等：[18]

kɔn^{1} tsɔ^{5} 狗	kɔn^{1} hum^{2} 虎	kɔn^{1} ɣəu^{5} 熊	kɔn^{1} moː^{2} 蚱蜢
kɔn^{1} tsuət^{8} 老鼠	kɔn^{1} ɤa^{2} duɯk^{8} 公雞	kɔn^{1} ɤa^{2} na^{2} 母雞	kɔn^{1} kiən^{5} 螞蟻
kɔn^{1} vit^{1} 鴨子	kɔn^{1} bo^{1} kəu^{1} 鴿子	kɔn^{1} kat^{7} 老鷹	kɔn^{1} jet^{7} 蜈蚣
kɔn^{1} kwa^{6} 烏鴉	kɔn^{1} ɳaːn^{6} 燕子	kɔn^{1} jəːi^{1} 蝙蝠	kɔn^{1} bɔ^{6} 蚊子
kɔn^{1} ŋwɛ^{5} 青蛙	kɔn^{1} juək^{7} 章魚	kɔn^{1} jui^{1} 龜	kɔn^{1} jun^{1} dət^{7} 蚯蚓
kɔn^{1} kuə^{1} 青蟹	kɔn^{1} ɤɛ^{6} 花蟹	kɔn^{1} thaːm^{1} 鱟	kɔn^{1} jɔi^{2} 蛆
kɔn^{1} jon^{2} 海馬	kɔn^{1} jan^{5} 蛇	kɔn^{1} jaːn^{5} 蟑螂	kɔn^{1} bɔ^{6} tsɔ^{5} 跳蚤
kɔn^{1} dɔm^{5} dɔm^{5} 螢火蟲	kɔn^{1} khi^{3} 猴子	kɔn^{1} hiəu^{1} 麂子	kɔn^{1} diə^{3} 水螞蝗
kɔn^{1} te^{1} te^{1} 穿山甲	kɔn^{1} ɔŋ^{1} 蜜蜂	kɔn^{1} ɔŋ^{1} vaːŋ^{2} 黄蜂	kɔn^{1} jep^{8} 臭蟲
kɔn^{1} buɯən^{5} buɯən^{5} 蝴蝶	kɔn^{1} tsuən^{2} tsuən^{2} 蜻蜓	kɔn^{1} ken^{1} kɛt^{7} 蟋蟀	kɔn^{1} jen^{6} 蜘蛛
kɔn^{1} jan^{2} 蝨子	kɔn^{1} kiən^{5} taŋ^{5} 白蟻		

另外，顏其香、周植志提供了很多相當於漢語的「兒」的字在南亞語系中的讀音。[18] 從這些讀音來看，都跟吳語的「官／干」有密切關係。例如：

越南北部	kɔn	蘇伊語	kɔɔn	孟語	kɔn	斯汀語	kɔɔn
越南南部	kɔŋ	布魯語	kɔɔn	喬崩語	kuan	坦普溫語	kɔɔn
芒語	kɔn	阿拉克語	kɔɔn	辛語	khwan	仲語	kheen

柬埔寨語	koun	羅文語	kuan	庫伊語	kɔɔn	比爾語	khen
拉佤語	kuən	布勞語	kuan	格木語	kɔɔn	巴琉語（倈語）	qoːn

三、名量結構組成名詞

劉劍三收集臨高語話語時有兩個值得注意的用例[20]：

mo^{1} hu^{2} van^{2} ŋut^{9} ŋut^{9} ，bit^{7} hu^{2} van^{2} hat^{9} hat^{9}

豬 個 叫 嗚 嗚　鴨 個 思 啞 啞

（豬「嗚嗚」地叫，鴨子「啞啞」地叫）

sia^{1} hu^{2} hə^{3} ut^{9} tsiu^{4} tsu^{4} kua^{3} bɔi^{1} vɔ^{3}

車 部 一 嗚 下子就 過 去 了

（車子「嗚」的一聲過去了）

筆者認為，「思」似失校，應為「叫」。以上例中「豬個（豬）、鴨個（鴨）、車部（車子）」，從構詞方式來看，都是以名量結構作名詞，顯然和漢語的「紙張、船隻、牲口、車輛、布匹」等構詞方式一致。但臨高話口語中這種名量結構的高頻使用以及多樣性的名量組合，卻成了罕見而可觀的特色。以下例子均來自於《臨高語話語材料集》[20]：

（1）通用量詞 mɔʔ^{8}、 hu^{2}、 na^{3} 等構成名量結構名詞

天個：xu^{2} kuŋ^{1} nə^{4} vən^{2} hə^{3} ， fa^{3} mɔʔ^{8} e^{2} lun^{3} tsiŋ^{3} vəi^{2} jɔu^{3}

求 公 那 天 一， 天 個 還 熱 像 火 在

（求神那天，天還熱得像火燒）

廟個：bək^{7} tiŋ^{3} na^{4} lip^{8} miu^{4} mɔʔ^{8} lɔu^{4}

百 姓 才 立 廟 個 進去

（老百姓才給他立了個廟）

腰個：daʔ^{8} ləu^{3} mɔʔ^{8} ui^{2}

直 腰 個 起來

（直起腰來）

良心個：tsiaŋ^{3} fam^{2} liaŋ^{2} tim^{1} mɔʔ^{8} mai^{2}

張 范 良 心 個 好

（張范心地好）

心個：huŋ^{1} diŋ^{2} xaŋ^{3} tim^{1} mɔŋ^{8} tiaŋ^{3}

洪 定 康 心 個 想

（洪定康心裡想）

狗只：lək^{8} dəu^{2} ti^{4} ma^{1} hu^{2} vɔi^{3}…

孩 子 咱 是 狗 只了

（咱孩子是狗了…）

類似的名量結構名詞還有「老漢個 be^{2} lau^{4} hu^{2} | 風箏只 jiu^{4} hu^{2} kə^{2} | 人個 leŋ^{1} hun^{2} | 人家個 van^{4} na^{3}」等。

（2）專用量詞「對 dəi^{3}、艄 hau^{1}、匹 fit^{8}、條 hiu^{2}」等構成名量結構名詞

筷子對：səu^{4} dəi^{3} kə^{2} ka^{3} dak^{7} fiaŋ^{2}

筷子 對 它 已 折邊

（筷子已斷一隻）

船艘：lua^{2} hau^{1} kə^{2} ka^{3} dak^{7} ha^{4}

船 艘 它 已 折 舵

（船兒舵已折）

弓匹：ɳɔ^{2} fit^{8} kə^{2} ka^{3} dak^{7} ləm^{4}

弓　匹它已　折　箭

（弓箭已折斷）

褲條：xo^{3} hiu^{2} du^{2} ka^{1} hun^{4} daŋ^{4}

褲　條　都已　斷　筒

（褲子都已斷筒）

類似的名量結構名詞還有「樹枝 dun^{3} kam^{4} | 草棵 bɔt^{7} tso^{4} | 石堆 din^{2} boʔ^{8} | 床張 taŋ^{2} tsiaŋ^{1} 」等。

（3）以助詞兼量詞 kə^{3} 構成名量結構的名詞

兵（助）：biŋ^{1} kə^{3} siaŋ^{2} siaŋ^{2} loŋ^{2} vɔ^{3} kiau^{3} jiau^{3} bek^{7} tiŋ

兵（助）常常　下　村攪　擾　百　姓

（官兵們常常到鄉下去攪擾百姓）

人（助）：tə^{3} leŋ^{1} hun^{2} kə^{3} maŋ^{2} tim^{1} han^{3} vɔi^{3}

使　人　（助）怕　心　撼　動　了

（讓人心驚膽戰）

船的：tsu^{4} tsiaŋ^{1} lua^{1} kə^{3} tso^{1} in^{2} in^{1} loŋ^{2} mia^{2}

就　將　船　的　租　完　完　下　來

（就把船全部租下來）

錢的：mə^{2} fai^{4} sin^{2} kə^{3} liau^{4} ən^{1} nən^{3} huk^{7} ki^{3} kai^{3}

你　敗　錢　的　多　這麼　做　什麼

（你費這麼多錢幹嗎）

在臨高話中，這種名量結構是大量存在的。我們把這些頻頻見到的名量結構看作是語流中出現的現象，因為在臨高話的詞典或論著中，都未有相關記錄或敘述。

以上所舉的三個例子，涉及漢語方言與少數民族語言在語音、詞彙和語法或句法（構詞法）方面的連繫。還可以舉出更多的例子，說明這種密切的連繫是廣泛存在的。例如，中國南方粵語、贛語、客家話、南部吳語等漢語方言普遍使用的第三人稱代詞「渠」，也見於海南臨高話等南方少數民族語言。[21] 助詞「個」廣泛見於各地漢語方言，其實在南方的少數民族語言裡也是不鮮見的，壯語等都大量使用。[22] 筆者在討論語言接觸的時候，還舉出很多實例，討論過西寧方言與藏語、土族語等少數民族語言的接觸和融合。其他很多學者也舉出過更多這樣的例子。其實類似的例子很多，這些例證有力地說明了中國語言的統一性。當然，中國語言的統一性也可以從其他方面得到有力的論證。

正在進行中的「中國語言資源保護工程」包含了漢語方言和少數民族語言兩個方面，它給漢語方言和少數民族語言的調查研究提供了充分合作的良好平臺。這個保護工程的調查研究應該同時表現中國語言分歧性和統一性的本質，尤其需要重視表現統一性的特徵。這需要從頂層設計著手。例如，在設計少數民族語言調查手冊的時候，它的詞彙表應該盡可能包括《漢語方言調查手冊》的一千二百個詞語條目，它的語法調查例句應該盡可能包括《漢語方言調查手冊》裡的五十個句子。因為這些詞語條目所反映的事物概念，這些句子所反映的表達類型，表明中國境內的漢語方言和少數民族語言具有非常大的共同性。事物概念和表達類型的共同性是不同語言之間統一性的前提。

筆者在多個場合裡論證漢語方言與少數民族語言的密切關係，並不是要忽視少數民族語言的特殊性，更不是要抹殺中國語言的分歧性。我們大家都知道少數民族語言的特殊性和中國語言的分歧性，可是我們不能誇大這種分歧性，不能用中國語言的分歧性掩蓋中國語言的統一性，否則我們會為此承擔後果。例如，在早期的閩語研究中，有學者不適當地誇大了閩語的特殊性，以至於在一段時間裡頻頻出現所謂「切韻」系統管不住閩語的說法，但這嚴重違背閩語的語言事實。另外，二十多年前有人無限放大粵語的特殊性，主張粵語不是漢語的方言，是一種獨立的語言。大家非常明白這種主張的危害性。若干年前，有國外學者從斯瓦迪士（M.Swadesh）二百個「基礎詞」裡提取出五十個字詞，僅僅根據這五十個字詞，就要把漢語從漢藏語系裡排除出去，並把漢語併入南島語系。這種把漢藏語系空殼化，把漢語無主化的主張還頗有幾個人回應，其後果讓人不寒而慄。

以上例子都屬於學術領域之中，它提醒我們，研究中國語言的學者，要時刻關注中國的少數民族語言。調查研究漢語方言的學者，也要調查研究少數民族語言。做比較研究的時候，要做漢語方言本身的比較，也要做漢語方言與少數民族語言的比較，籠統的「底層說」不能解決問題。

參考文獻

〔1〕中國社會科學院語言研究所，等.中國語言地圖集〔M〕.2 版.北京：商務印書館，2012.

〔2〕中國社會科學院，澳大利亞人文科學院.中國語言地圖集〔M〕.香

港：朗文（遠東）出版有限公司，1987.

〔3〕丁邦新，孫宏開.漢藏語同源詞研究（一）〔M〕.南寧：廣西民族出版社，2000.

〔4〕丁邦新，孫宏開.漢藏語同源詞研究（二）〔M〕.南寧：廣西民族出版社，2001.

〔5〕丁邦新，孫宏開.漢藏語同源詞研究（三）〔M〕.南寧：廣西民族出版社，2004.

〔6〕游汝傑.中國文化語言學引論〔M〕.北京：高等教育出版社，1993.

〔7〕馮愛珍.福州方言詞典〔M〕.南京：江蘇教育出版社，1998.

〔8〕李如龍，潘渭水.建甌方言詞典〔M〕.南京：江蘇教育出版社，1998.

〔9〕侯精一.長治方言志〔M〕.北京：語文出版社，1985.

〔10〕葉祥苓.蘇州方言詞典〔M〕.南京：江蘇教育出版社，1993.

〔11〕北京大學中國語言文學系語言學教研室.漢語方言詞彙〔M〕.2版.北京：語文出版社，1995.

〔12〕樂賽月.貴陽花溪區甲定苗話的前加成分〔J〕.民族語文，1979（3）.

〔13〕李榮，張惠英.崇明方言詞典〔M〕.南京：江蘇教育出版社，1998.

〔14〕江蘇省地方志編纂委員會.江蘇省志・方言志〔M〕.南京：南京大學出版社，1998.

〔15〕趙元任.現代吳語的研究〔M〕.北京：科學出版社，1956.

〔16〕錢乃榮.當代吳語研究〔M〕.上海：上海教育出版社，1992.

〔17〕羅之基.佤族社會歷史與文化〔M〕.北京：中央民族大學出版社，1995.

〔18〕顏其香，周植志.中國孟高棉語族語言與南亞語系〔M〕.北京：中央

民族大學出版社，1995.
〔19〕歐陽覺亞，等.京語簡志〔M〕.北京：民族出版社，1984.
〔20〕劉劍三.臨高語話語材料集〔M〕.北京：中央民族大學出版社，2009.
〔21〕張元生，馬加林，文明英，等.海南臨高話〔M〕.南寧：廣西民族出版社，1985.
〔22〕張均如，等.壯語方言研究〔M〕.成都：四川民族出版社，1999.

（原載於《黔南民族師範學院學報》2016 年第 2 期）

兩全其美：雙語教學的理想目標

陸儉明

一、雙語教學的必要性、重要性

何謂雙語教學？雙語教學，從教的一方說，是指對教學對象進行兩種語言的教學；從學的一方說，是指接受兩種語言的教學。當今需要關注的雙語教學，主要有以下三種類型：

第一種類型是「母語—外語」型雙語教學。這是幾乎所有國家都會開展的雙語教學。

第二種類型是「母語—國家通用語言／主流語言」型雙語教學。如中國各少數民族所開展的雙語教學和新加坡開展的雙語教學。

第三種類型是「母語方言—母語共同語」型雙語教學。如中國對各漢語方言區的人所開展的普通話教學。

前兩種類型屬於不同語言之間的雙語教學，第三種類型是同一個語言內部方言與共同語之間的雙語教學。

各個國家雙語教學雖情況各異，但都會面臨如何順利實施雙語教學這樣的任務。隨著社會的發展，雙語教學的重要性日漸突出。

現今，我們正處於一個大資料、雲計算、網路化、全球化、人類逐步走向太空的資訊時代。高科技的迅速發展、經濟的全球化、資訊公路的大普及，帶來了全球性的商品流、資訊流、技術流、人才流、文化流、觀念流，而國家與國家之間、地區與地區之間，交往日益頻繁、交流日趨多樣化。顯然，這種時代變化要求個人與國家具備更高、更多元的語言能力。

公民個人的語言能力，不僅包括其母語口語能力，還包括其母語書面語（如果有書面語的話）和外語的素養與能力。現實已經表明，個人的語言能力已關涉到其本人的生存和發展，成為與他人競爭的一個先決性條件。二十一世紀初，《解放日報》曾發表過一篇調查語言能力與薪資關係的報告。發稿記者將人的語言能力分為上、中、一般三個等級，調查結果顯示，語言能力上等的薪資收入跟語言能力一般的薪資收入比為五比一。在招聘過程中，招聘單位對應聘人員的考核測試，首先考查的不是應聘者的專業知識，而是應聘者的語言素養和語言能力。更值得我們注意的是，公民個人語言能力的強弱會直接影響民族素質和國家人力資源品質與水準，進而影響一個國家經濟和科技的創造力、發展力和競爭力。因此，聯合國前任秘書長安南先生在二十一世紀來臨前夕，提出具有遠見和前瞻性的觀點：「二十一世紀的年輕人起碼要掌握三種語言，這樣才能適應社會發展的需要。」

國家的語言能力，首先指社會整體的母語素養與水準以及外語能力與水準，同時也指國家處理海內外各種事務所需要的語言能力，國家掌握利用語言資源、提供語言服務、處理語言問題等方面的能力，以及國家對整個語言教育、對語言人才管理的能力。客觀現實和各國的發展情況表明，語言與國家地位、語言與國家安全、語言與經濟發展、語言與科技創新、語言與社會文明以及語言與文化建設之間關係越來越密切。國家語言能力的增強將會成為一種無形的、巨大的內在凝聚力、號召力，而且隨著社會的發展，其功能張力將空前釋放，日益成為助推經濟發展、科技創新以及保障國家安全的關鍵要素。[1] 尤其是在全球化時代，國際競爭更加激烈，國家的發展更需要強大的語言能力作為支撐，因為一個國家的語言能力，與獲取資訊的能力、資訊資源的儲備和利用、國際空間的開拓能力和國際競爭力成正比。任何國際交往和國際利益的爭取與維護，都需要相應的語言支援，否則就會處於不利地位。據歐洲委員會二〇〇七年二月公布的一項調查顯示，有百分之十一的中小型企業因缺乏語言的多樣性和國際交流能力而損失經濟利益，平均每家損失約為三十二點五萬歐元。[1] 顯然，國家的語言能力已關涉到國家軟、硬實力的提升，語言能力的強弱將逐漸成為國家強弱盛衰的一種表徵。因此，每個國家都不能不重視語言問題，都不能不重視語言教育問題。我們看到越來越多的國家，特別是西方國家，都提出了「語言戰略」的概念，成立相應的機構，提出相應的對策。進入二十一世紀，美國政府就推出《國家安全語言計畫》《國防部語言技能、區域知識和文化能力的戰略規劃》，在軍隊也推出了《國防部語言轉型路線圖》，並宣稱：「我們的構想是，通過外語能力和對世界文化的了解，使美國成為更強大的全球領導者。」英國一改過去只重語言輸出的做法，也推出了新的「國家語言戰略」，提出了「全民學外語，終身學外語」的口號。歐盟二〇〇三年發布了《語言學習和語言多樣性行動計畫》，大力推動多語言學習，目標之一就是促使歐盟民眾能夠熟練使用兩種外語。澳大利亞推出了「學校語言計畫」。日本近期也頒布了「培養能使用英語的日本人」的行動計畫，從二〇一三年起，將小學英語課開課時間由五年級提前到三年級。東南亞各國也都積極推動雙語教學，甚至多語教學，菲律賓政府於二〇〇九年推出了「以母語為基礎的多語教育計畫」；二〇一二年開始實施《依據母語學習多種語言的教育方案》。[1]

鑑於這樣的發展形勢，聯合國教科文組織和中國教育部、國家語委於二〇一四年六月六至七日在中國蘇州市聯合舉辦了「世界語言大會」，其目的就是要喚起各國政府重視語言能力和語言教育問題。大會代表圍繞「語言能力與人類文明和社會進步」這一主題，就「語言能力與社會可持續發展」「語言能力與語言教育創新」「語言能力與國際交流合作」等三個議題進行了認真的討論，最後形成了《蘇州共識》，對語言的社會功用做出新的闡釋——語言不只是交際工具，語言是人類文明世代相傳的載體，是人類相互溝通理解的鑰匙，是人類文明交流互鑑的紐帶。

不難看出，政府開展雙語教學，個人接受雙語教學是社會發展的迫切需要，也是歷史發展的必然。

二、兩全其美——雙語教學的理想目標

從「單言單語」轉變為「雙言雙語」甚至「多言多語」，這已成為歷史發展的必然；而在一個多民族國家中，雙語更是「當今多民族、多語言社會語言生活的重要模式」。[2]開展雙語教學，關係到國家和個人語言能力、語言素養的提升，已逐漸成為國家和政府的緊迫任務。但真要使雙語教學既利於國家，也利於民生，必須如國際雙語學會會長戴慶廈教授所指

出的，「遵循兩全其美的原則」[1]。兩全其美，這一原則要求雙語教學的實施既讓學習者掌握好目的語，同時能維護和繼續保持自己的母語。但具體說來，不同性質的雙語教學，還有不同的具體情況。

(一)「母語—外語」型雙語教學

這是任何一個國家都面臨的雙語教學任務。各個國家和政府都應該鼓勵盡可能多的國民學習、掌握一種乃至多種外語。這是因為當今任何國家的發展都不能不依賴國際的支援。如今不願走向世界、竭力閉關自守並排外、堅持自給自足的國家，已不復存在了。如果有這樣的國家，那它必然走向日益貧困。就現實情況看，各個國家都只有一部分人學習掌握了外語。對於「母語—外語」型雙語教學，如用「兩全其美」即「母語好外語也好」這樣的要求來衡量，這樣的人太少了。能做到一種語言好就算不錯了。目前，在世界範圍內普遍存在兩種現象：

第一種現象，整體的母語語文素養與水準滑坡，而外語也沒怎麼學好，水準普遍不高。為什麼會出現這種現象？筆者將在後面對出現此現象的原因提出自己的看法。

第二種現象，高校外語學院或外語專科學校普遍存在不重視母語水準提高的問題，以為學好外語就行了，殊不知如果母語素養不好、母語水準不高將嚴重影響學習者日後的外語水準。

---

1 源自戴慶廈教授在二〇一一年三月二十一日雲南玉溪舉行的「第八屆國際雙語學學術研討會」上的開幕詞。

（二）「母語—全國通用語／國家主流語言」型雙語教學

這類雙語教學出現在兩類國家：一類是多民族、多語種國家，且已立法規定某個民族語為全國通用語，中國就屬於這樣的國家；另一類也是多民族、多語種國家，但法定的主流語言不是國內大的族群的語言，而是國際上的某種通用語，新加坡就屬於這樣的國家。

先說中國在少數民族地區開展雙語教學的狀況。中國已立法規定普通話、規範字為全國通用語言文字。這樣，各少數民族就面臨「母語—全國通用語」的雙語教學，而在民族自治區工作的漢族幹部也面臨「漢語—少數民族語言」的雙語教學。從中央和地方政府頒布的有關法律法規看，都要朝「兩全其美」的目標發展。憲法也好，《通用語言文字法》也好，以及其他關涉少數民族地區語言文字問題的法律法規也好，都明確規定，全國推行普通話、規範字，全國各民族公民有學習使用普通話、規範字的權利；同時也明確規定，「各民族都有使用和發展自己的語言文字的自由」[1]。雙語教學的實施極大地推動了少數民族地區經濟、科技、文化的發展。可是，真要切切實實地實現「兩全其美」的目標還是很艱難的。且不說個別地區由於個別舉措不當曾引發不小的矛盾與風波；就是普遍開展得好的地區，也存在這樣一個問題，那就是在強勢的普通話衝擊下少數民族母語的發展普遍地受到影響。目前，在民族地區開展的雙語教學大致有這樣四種情況：〔2〕

第一種：本民族沒有文字，這些民族「從初等教育起到高等教育全部

1　選自中國《憲法》第4條。

使用漢語文開展教學」。

第二種：有的民族，如納西族、水族等，雖有自己的文字，但自己的文字不常用，結果「就只能全部或部分從初等教育起到高等教育全部使用漢語文」。

第三種：民族雜居地區，沒有條件按民族分班，只能把不同民族的孩子合在一起上課，這樣也就只能使用漢語文開展教學。

第四種：比較大的且有自己的文字、有本民族教師的民族，可以從初等教育起到高等教育全部使用本民族語言開展教學。

不管屬於哪種情況，民族語言本身都不可避免地受到居於優勢地位的漢語的衝擊。這種衝擊不是一方強迫另一方的衝擊，而是自願接受的衝擊。現在各少數民族，越來越多的家長都願意讓自己的孩子一開始就接受漢語通用語言文字教學，以便在學業上、科技文化知識的掌握上趕上甚至超過漢族地區的孩子，以利於今後找到更為理想的工作。因為在少數民族地區，從整個地區到各個家庭，到個人，要擺脫貧困，要發展，要走向富裕，必須學漢語，必須走出村寨，走向東部發達地區或去東部地區學習深造後再回到本地區發展自己家鄉的經濟、科技，或經商於東部和本地區之間，或直接在東部工作。因此，少數民族地區青少年學漢語正在逐漸成為自發的、自覺自願的行為，而且得到多數家庭的支持。從一九四九年到現在，少數民族地區的雙語教學所經歷的「從邊疆語文教學轉為民族語文教學」到「從民族語文教學轉為自行選定式雙語教學」到「從自行選定式雙語教學轉為集體約定式雙語教學」三次轉型[3]，也反映了這種發展趨勢。而這不可避免地帶來對母語的衝擊——母語只成了一般生活用語，而政治語言、經濟語言、教育語言、科技語言等都逐漸地讓位於漢語。

至於在民族地區工作的漢族幹部學習當地民族語言，雖一再提倡，也採取一定措施，但因並無硬性法規，也就只能完全取決於個人勤勉程度，談不上能達到「兩全其美」的目標。

再看新加坡，新加坡一九六五年取得獨立，並建立了新加坡共和國。當時，有四大族群——華人、馬來族人、印度族人和歐裔族人，華人人口約占百分之八十（現在只占到百分之七十四），歐裔族人只占百分之零點四三。考慮到新加坡是個城市國家，國土面積不到七百平方公里，要生存、要發展，必須面向世界，走向國際。所以當時的國家領導者就確立了以英語為主流語言（或稱頂層語言），規定外交語言、政府語言、經濟語言、教育語言都用英語，同時要求學好母語，以傳承和認同本民族的文化和價值觀，實行「母語—英語」雙語教學政策。這個語言政策很明智、很成功，極大地促進了國家各方面的發展，特別是經濟、外交的發展。應該說新加坡能在短短的十幾年內，在二十世紀八〇年代初就一躍成為亞洲四小龍之一，成為在國際上有影響力的國家，其正確的語言政策有不可低估的作用。但是，我們看到這一政策實施後也出現了老一輩華人不願看到但又無法避免的局面，那就是由於主流語言是英語，對個人而言，無論工作、經濟地位、社會地位都直接受其牽制，人們不可避免地普遍將英語學習放在首位，久而久之，不可能不影響母語的發展。新加坡資深語言學家周清海教授感歎說：「新加坡四十多年雙語教育的結果，是使新加坡人普遍轉向英語，最近，年輕的新加坡人甚至在英文報上提出『英語是我們的母語』。」[4] 而這也迫使政府於二〇〇四年推出新政策——「報讀大學中文第二語文成績只需達到所定的最低水準，分數不再算進總分等等。」[5] 而這進一步造成華語語文水準普遍低落，以致使老一輩新加坡華人面臨一種憂慮：「英語會不會逐漸被新加坡人認為是自己的母語？」[4]

這樣看來，在「母語—全國通用語／國家主流語言」雙語教學進程中，「語言的實際功用及其效應」必然凸顯全國通用語／國家主流語言，而母語逐步退居第二位。雙語教學的實踐告訴我們，「掌握雙語是不容易的」。[6] 這是無法改變的客觀現實。

（三）「母語方言—母語共同語」型雙語教學

嚴格說來這不能叫「雙語教學」，因為就方言本身而言，不存在「教」與「學」的問題，只是方言區的人單向學習共同語而已。如中國，從「教」的方面看，是在方言區大力推廣普通話；從「學」的方面看，各方言區的人努力學習普通話。中國漢語歷史悠久，方言複雜，一般認為有七大方言區。就口語來說，如果各個方言區從未學過普通話的人聚在一起，難以進行言談交際。所幸的是，中國書面語採用的是超越時間、空間，超越歷史、超越方言的漢字，這為「十里不同音」的漢民族的書面交際提供了方便。方言的隔閡嚴重影響各地交流，不利於政治、經濟、文化、教育等的發展與交流，因此必須以國家行為法定推廣普通話，而且堅定不移，無時間限制。將近六十年的普通話推廣工作取得了可喜的成績，現在普通話普及率已達到百分之七十三[1]。這應該說是可喜可賀的事情。

1　資料來自《語言戰略動態》2014 年第 10 期。

國家一再強調，推廣普通話並非要消滅方言。但是，我們看到，二〇〇五年上海「兩會」期間出現了「拯救方言」「保衛上海話」等口號；二〇一〇年在廣州、香港又出現了「保衛粵語」「捍衛粵語」的風波；二〇一〇年前後在報紙上、網上更圍繞「保護方言」問題展開了不同觀點的大討論。討論各方都出現了一些過激的言論，如一方說有人借推普搞「語言霸權」，一方則說「方言保護純屬無稽之談」。這說明，在推普問題上存在著矛盾與不同觀點的碰撞。我們認為，對於推普首先要充分肯定，而且必須繼續堅持。同時，對推普過程中的有些舉措、規定（如規定普通話要成為校園語言）也可以反思、討論。必須明確，推普是國策，必須堅定不移地推廣；同時要明白推普的目的是為了便於不同方言區的人之間的言談交際，不應要求非要達到多麼高的水準。再則，語言具有情感性，方言本身又是「語言的活化石」，是中華文化重要的承載者，我們不能只看到方言對交流不利的一面，也要看到方言有積極作用的一面。因此，我們在推普過程中，所提出的要求、所實施的舉措需盡可能恰當，力求達到既克服方言不利交流的一面，又不影響方言的存在與發展，繼續發揮其積極作用的一面，以達到「兩全其美」的目的。

語言和諧是構建社會和諧、促進社會發展的重要因素，而語言和諧和雙語共生建設緊密連繫、相輔相成。在當今時代，國家也好，個人也好，如若輕視、怠慢甚至抗拒雙語教學，只能自受其害。但「兩全其美」這只能是雙語教學的理想目標。雖然「兩全其美」只能是雙語教學的一個理想目標，但是強調和堅持「兩全其美」這一目標，有積極意義。

三、雙語教學方法之反思

前面我們在談到「母語—外語」雙語教學類型時指出，目前在世界範圍內，幾乎都存在母語水準滑坡和外語水準普遍不高的狀況。問題的癥結在哪裡？可能有多方面的原因，但筆者覺得，教學方法是值得反思的一個重要方面。

最古老最傳統的辦法是：大量閱讀、大聲朗讀、強化背誦，同時在教師指導下從模仿寫作到有創意地寫作。這一古老的語言教學方法，現在基本廢棄了，取而代之的是形形色色讓人眼花繚亂的各種所謂教學法。當今只在少數國家還基本保留著傳統的語言教學法，最突出的是以色列。其實，傳統的語言教學法雖古老，但是很科學。

母語教學，主要是識字，從小學習掌握未知的母語書面語，因為只有掌握好母語書面語才能不斷接受高品質的教育，包括歷史文化教育、科學技術教育和道德品行教育。外語教學／第二語言教學，主要是學習掌握自己不熟悉的另一種語言，讓自己長一雙翅膀，能飛得高、看得遠。而學語言，學習母語書面語也好，學習另一種語言也好，都不是靠接受理論知識所能掌握的，主要是靠在大腦深處積累豐富的語感。那麼如何能在大腦深處積累豐富的語感呢？語感，也就是感覺，是很重要的。一個優秀的老司機，開車憑的是感覺；一個優秀的飛行員，飛機起降憑的是感覺；乒乓球運動員徐寅生說過，在比賽過程中，對來球如何回接，根本沒有思考的時間，完全憑的是感覺。司機也好，飛行員也好，乒乓球運動員也好，支配他們行為的感覺從何而來？就是在長期的、不間斷的訓練、「實戰」中獲得的。一個人全面綜合的母語語文能力、全面綜合的外語能力，是怎麼獲得的？就是在不間斷的大量閱讀、大聲朗讀中，在背誦中，在不斷的寫作中，不斷積累豐富的語感而成的。因此，我們的先輩和前輩，一直以來都強調多讀書、讀好書的重要性。

唐代詩聖杜甫在《奉贈韋左丞丈二十二韻》中寫道：「讀書破萬卷，下筆如有神。」歐陽修是宋代大文豪，據《東坡志林》記載，黃庭堅的岳父孫莘老就寫文章之事曾請教歐陽修，歐陽修說：「無他術，唯勤讀而多為之，自工。」（沒別的辦法，只有勤讀書，而且多讀多寫，這樣自然就會善於寫作了。）

錢鍾書的夫人楊絳，在她百歲生日時，有記者採訪她，她說了這麼一件事，她父親思維敏捷，說話入情入理，出口成章，為《申報》寫評論，一篇接一篇，浩氣沖天，擲地有聲。有人來請教秘訣，她父親說：「哪有什麼秘訣？多讀書，讀好書罷了。」[7]

初唐四傑之一王勃所寫的《秋日登洪府滕王閣餞別序》，是王勃的即興之作，卻寫出了「落霞與孤鶩齊飛，秋水共長天一色」這樣千古傳誦的名句，成傳世名篇。在短短的七百多字裡，用了二十五個典故。試想，如果王勃不熟讀古代經典能在那麼短的時間裡即興撰寫出這樣的傳世篇章嗎？

前輩先賢的語言實踐、當今學者的實際語言生活，都說明一個道理，要提高母語的語文素養和語文水準，提升外語的素養與能力，沒有特別的捷徑，重要的是要多讀書、讀好書、勤寫作。看來母語語文教學也好，外語教學也好，在教學上都應返璞歸真。

現在一般都很重視教學法，這無可非議。但是正如馬真在《教有法，教無定法》一文中所指出的，「現在比教學法更重要的東西普遍地給忽略了」[8]。什麼是比教學法更重要的東西呢？一是漢語教師應有高度的教育責任心和敬業精神；二是自己肚子裡要有貨。自己肚子裡有了貨，而且是豐富多樣的貨，就能自若地針對不同教學內容、不同教學對象、不同學習程度等，靈活採用不同的教學方法，就能在教學中做到遊刃有餘。母語語文教學也好，外語教學也好，「教無定法」，但「教有定則」，這「定則」就是老師盡可能少講，盡可能引導學生多讀、多看、多講、多聽、多寫。現在普遍的問題是老師講得太多。[8]

觀念的轉變是根本的轉變。蓬勃而健康地開展雙語教學，其先決條件是，從上到下要樹立語言意識，要樹立正確的雙語教學理念。「做好雙語教學建設重在認識。有了正確的認識，就能夠客觀地認識雙語教學的本質及其作用，就會有科學的對策與措施，也就能排除干擾，把握好科學的雙語教學的方向。」[2]

參考文獻

〔1〕趙世舉.語言與國家〔M〕.北京：商務印書館，2015.

〔2〕戴慶廈.科學推進雙語教育建設的幾個認識問題〔J〕.雙語教育研究，2014（1）.

〔3〕周慶生.論中國少數民族語言教學模式的三次轉型〔J〕.雙語教育研究，2014（2）.

〔4〕周清海.從全球化的角度思考語文教學裡的文化問題〔J〕.華文教學與研究，2014（1）.

〔5〕李光耀.李光耀回憶錄：我一生的挑戰——新加坡雙語之路〔M〕.南京：譯林出版社，2013.

〔6〕周清海.全球化環境下的華語文與東南亞華人的語言困境〔C〕//周清海.全球化環境下的華語文與華語文教學.新加坡：新加坡青年書局，2007.

〔7〕楊絳.坐在人生的邊上——楊絳先生百歲答問〔N〕.文匯報，2011-07-08.

〔8〕馬真.教有法，教無定法〔J〕.世界漢語教學，2014（4）.

（原載於《黔南民族師範學院學報》2015 年第 3 期）

雙語教學最需要的是什麼？

馬真

大資料資訊化、世界逐步走向經濟一體化、國際交流日益頻繁，要求人們從「單言單語」進入到「雙言雙語」，這是社會發展的需要，是歷史的必然。發展和加強雙語教學，不僅逐漸被提到了各國政府的議事日程上，也被推到了每個人面前。

一、雙語教學迫切需要詞語、句法格式用法與教學研究

從國際角度看，雙語教學指母語教學與外語教學。那麼，在這一雙語教學中最需要的是什麼？

一是母語語文素養與能力。不少人面對外語學習，一味強調外語，而忽視母語學習。其實這是很不恰當的。無數事實表明，母語素養低下的人，外語水準不會高。所以，如果想讓自己能較為自由地閱讀外語專業書刊，甚至想讓自己能成為一員譯者，那麼自己的母語，特別是母語書面語，要具有較好的素養、較高的水準。而要做到這一點，必須加強母語教育。一九九九年，聯合國教科文組織宣布：從二〇〇〇年起，每年二月二十一日為「國際母語日」，並明確設立「國際母語日」的目的，一是保護世界語言多樣性；二是讓世界各國都深刻認識母語教育是保護世界語言多樣性、推進多語教育的基礎，必須加強母語教

學。由此可知，在「母語—外語」雙語教學中，首要的是不斷提高母語素養，不斷增強母語語文能力，這已經成為學界的共識。

二是有關詞語、句法格式用法的語言知識。教學實踐證明，中國學生錯用漢語書面語詞，外國漢語學習者在詞語或句法格式使用上出現這樣那樣的偏誤，其主要原因都不是因為學習者不能理解詞語或句法格式的基本意義，而是因為沒有準確把握詞語或句法格式的用法，缺少對詞語或句法格式使用的語義背景的深刻認識。

漢語本體研究者，包括一些語法學家、詞彙學家、辭書學專家，都不注重詞語和句法格式用法的研究。這就會帶來兩方面的負面影響：

一個方面是對漢語母語使用者，特別是中小學學生有負面影響。漢語母語學習者，主要是中小學學生，因為從小積累了豐富的語感，他們對漢語口語詞彙和句法格式基本能夠熟練運用。可是，對於書面詞語學習，由於現今辭書與語文教材都只注釋了基本意義，沒有進行具體用法說明，因而學生也就只知道單個詞語的基本意義，不了解具體用法，結果在使用時就會出錯。舉一病句為例：

①*玲玲蹲在清澈的溪水邊，俯瞰著水中的游魚，而且是那樣地專心，以至老師走到她身後她都沒覺察。

「溪水邊」與「水中的游魚」，二者之間的距離按常理不會超過兩米。這樣的高度，即使是從高處往下看，也不能用「俯瞰」。學生為何在此錯用「俯瞰」呢？究其原因，主要因為「俯瞰」是書面語詞，學生使用頻率低，缺少對「俯瞰」的語感。而語文教材、一般辭書上關於「俯瞰」的注釋多為「從高處往下看」，或採取以詞釋詞的辦法，注為「俯視」。同時，「俯視」也注釋為「從高處往下看」。僅根據課本、辭書對「俯瞰」的注釋，我們很難判定上例中的「俯瞰」用法不恰當。其實，「俯瞰」與「俯視」在具體用法上是有區別的。從很高處往下看，而且視野開闊，只用「俯瞰」；凡從高處往下看，不受高度限制、不受視野限制，都可以用「俯視」。因此，上例不能用「俯瞰」，可以用「俯視」。

另一個方面，也是最主要的方面，是對外國漢語學習者產生負面影響。外國漢語學習者，在詞語和句法格式使用上出現偏誤，這是普遍現象。這裡舉四類問題加以說明。

問題一：表加強否定語氣的「並」和「又」使用不當。

現代漢語裡副詞「並」和「又」有多種意義和用法，其中一個用法就是都可以表示加強否定語氣。例如：

②「你喝酒了？」
「我並沒有喝酒。」
③「咱們給王老師買瓶酒吧。」
「王老師又不喝酒。」

例②裡的「並」和例③裡的「又」，都表示加強否定語氣，一般將它們看作「表示加強否定語氣的副詞」。這兩個副詞，以漢語為母語的中國人不會用錯，因為從小就培養起了豐富的語感。可是外國學生在使用上出錯率很高。如：

④「你再吃一點兒。」

*「我並不能再吃了。」（宜用「確實」）

⑤「李敏，你就向慧玉小姐賠個不是，事情不就解決了嗎？」

「*我並不向她賠不是！」（宜用「偏」或「就」）

⑥「你也知道瑪麗賣房子了？」

「*我又不知道啊。」（宜用「並」）

⑦*你又別收她的錢！（宜用「千萬」）

⑧*這件事要保密，你又不能告訴任何人。（宜用「決」）

上例中的「並」或「又」使用不恰當。如果需要加強否定語氣，應改為括弧內的詞語。外國學生為什麼會錯用呢？筆者認為這跟我們辭書、教材上對「並」「又」的注釋有關。目前，一般辭書對表示加強否定語氣的副詞「並」是這樣注釋的：

《現代漢語八百詞》：加強否定的語氣。放在「不、沒〔有〕、未、無、非」等前邊。常用於表示轉折的句子中，有否定某種看法，說明真實情況的意味。[1]

《現代漢語詞典（第5版）》：用在否定詞前面加強否定的語氣，略帶反駁的意味。[2]

對表示加強否定語氣的副詞「又」是這樣注釋的：

《現代漢語八百詞》：加強否定。[1]

《現代漢語詞典（第5版）》：用在否定句或反問句裡，加強語氣。[2]

一般漢語教材多依照辭書釋義進行注解。

以上詞典和教材注解不能說全錯，原因是：第一，語氣副詞「並」和「又」確實只能用在否定詞的前邊；第二，語氣副詞「並」和「又」確實有加強否定語氣的作用。但這樣的注解過於簡單和籠統，缺少對詞語語境的詳細解釋。對以漢語為母語的人而言，可以憑語言習慣和母語語感正確選擇語用環境，並不完全依賴語法書或工具書的指導。但對外國學生來說，很容易走入誤區：一是認為作為語氣副詞，「並」和「又」的用法一樣；二是當需要加強否定語氣時，可以在否定詞前邊用「並」或「又」。而且，會本能地按教材和詞典釋義去類推、去運用，自然就會造出上面所舉的病句。

實際上什麼情況下可以用「並」來加強否定語氣，什麼情況下可以用「又」來加強否定語氣，都有它們各自使用的語義背景。我們先從語氣副詞「並」講起。

⑨她並沒有灰心。

⑩我並不認識她！

例⑨「她並沒有灰心」已經蘊含了「她已經灰心了」的預設。例⑩「我並不認識她」，也蘊含了「有人認為我認識她」的預設。因此，只有當說話人為強調說明事實真相或實際情況而否定或反駁某種看法（包括自己原先的想法）時才用語氣副詞「並」。根據上述分析，可以將「並」的語義背景概括如下：當說話人為強調說明事實真相或實際情況而直接否定已有的某種看法或想法時，用它來加強否定語氣。其語法意義為：加強否定語氣，強調說明事實不是對方所說的，或一般人所想的，或自己原先所認為的那樣。

例④和例⑤裡「並」使用不當，皆因為這類句子不存在使用語氣副詞「並」的語義背景，都不含「為強調說明事實真相或實際情況而來否定或反駁某種看法」的意味。

再說語氣副詞「又」。

⑪小張：小王，明天我們去葉老師家，帶一瓶茅臺酒吧。

小王：葉老師又不喝白酒。

⑫玉萍：你帶上一把傘吧。

俊峰：天氣預報又沒說今天要下雨。

例⑪和例⑫句中的「又」使用貼切。例⑪小張不直接說「不要給葉老師帶茅臺酒」，而是採取否定「葉老師喝酒」這一事實來達到否定小張意見的目的。例⑫俊峰不直接說「我不帶傘」，而是通過否定下雨的可能性，來達到否定玉萍意見的目的。這兩個實例都用「又」來加強否定語氣，但不直接否定，而是通過強調不存在該事情、該做法、該說法或該想法為前提條件或起因來達到否定的目的。由此可知，語氣副詞「又」使用的語義背景為：只用在間接否定前提條件或起因的句子裡起加強否定語氣的作用。如果將「又」使用的語義背景融入到釋義中，語氣副詞「又」的語法意義可以注釋為：加強否定語氣，強調說明不存在（對方或人們所說的）某種事情、某種做法、某種說法或某種想法的前提條件或起因。

前例⑥至⑧裡「又」使用不恰當，其原因就是這些句子都不是直接否定前提條件或起因的句子，不具有使用語氣副詞「又」的語義背景。如果學習者能夠準確把握語氣副詞「並」和「又」的基本釋義及其語義背景或語境條件，就不容易用錯了。

問題二：外國學生錯用副詞「按說」。

目前，一般的辭書在解釋副詞「按說」時，有的注釋為「依照事實或情理來說」〔3〕，有的注釋為「按道理說」〔4〕，有的注釋為「按照實際情況或道理來說」〔5〕，有的注釋為「依照情理或客觀的事實來說」〔6〕。這些注釋大同小異，顯然都源於《現代漢語詞典》。這些注釋都沒有交代「按說」使用的語義背景。中國人不會用錯，因為有豐富的語感；外國學生按此注釋理解，則常常錯用「按說」。例如：

⑬「今天會下雨嗎？」「*我敢肯定按說不會下雨。」

⑭「你說他會來嗎？」「今天他不上班，按說他會來的。」（隱含著「他」會不會來，沒有把握之意）

⑮「大哥早已到上海了吧？」「按說他已經在上海了。」（隱含著「沒把握」之意）

⑯按說你不該告訴他。（實際上是「你」已經告訴了他）

例⑬「按說」按詞典的注釋運用，顯然不恰當。實際上「按說」的使用條件是：一定有所隱含，主要隱含著「沒有把握」的意義。例⑭「按說」用於表達未來發生的事情時，一定要隱含著「實際會是怎麼樣現在沒有把握」的意思。例⑮「按說」如果用於表達已經發生了的事情，而說話人並不知道實情時，必須明顯地隱含有「沒有把握」的意思。例⑯「按說」如果用於說話人已經知道實情，則一定隱含著「實際情況並非如此」的意思。

因此，「按說」一詞，其語義背景或使用條件為：一定有所隱含。外國學生常常用錯的原因就是不了解「按說」使用的語義背景。

問題三：狀態詞「好端端」使用錯誤。

「好端端」是個狀態形容詞。有位留學生在作文中出現了這樣的偏誤句：

⑰*他堅持鍛煉，身體一直好端端的。

以漢語為母語的人不會在這句話裡用「好端端的」，而會選用「很好」「不錯」。留學生為什麼會在這個句子裡用「好端端的」呢？這可能緣於辭書對「好端端」的釋義。一般辭書對「好端端」都是這樣注釋的：「形容狀況正常、良好。」按理，這樣注釋本身沒有錯，但語言事實表明，並不是所有表示「狀況正常、良好」的語境都能用「好端端的」。例如：

⑱好端端的一樁買賣，全給他弄砸了。
⑲他們怎麼吵起來了？剛才不還是在一塊兒喝酒，大家好端端的？
⑳你可別讓他把這樁好端端的婚事給攪黃了。

從上例可以看出，「好端端」的使用有一定限制——在已經出現或者預計可能會出現某種非理想狀況的情況下，可用「好端端」來說明原先的良好狀況。「好端端」使用的語義背景是：其前後一定要有說明所出現的或可能會出現的非理想狀況的句子或話語。目前，一般辭書、教科書對「好端端」只注釋說明了基本意義，沒有闡釋其使用的語義背景，這樣，缺乏漢語語感的外國學生當然容易用錯。

問題四：外國學生用不好「把」字句。

「把」字句是大家公認的現代漢語中的一個重要句式，也是對外漢語教學、漢語國際教育、華文教學中的一個難點，而且長期以來沒有突破。目前，「把」字句教學，從語法意義到具體結構規則都講得很透徹、很到位，學生做練習一般都沒問題，但就是在口語中不會用，一用就出錯。普遍存在的問題是，不該用而用了，該用時又沒有用。這裡舉兩個典型偏誤句：

㉑*洪水雖然退了，但眼前是一片不好的景象：洪水把村舍的房屋沖倒了一大半，把豬、雞、羊都淹死了，空氣裡充滿了難聞的臭味兒；洪水也把成堆的木材幾乎都沖光了……

㉒*瑪麗是個勤快的孩子，每天都是她最早起來。等我們起床，早飯已經被她準備好了，屋子也已經被她整理得乾乾淨淨。

例㉑和例㉒，單就一個小句孤立地來看，都合語法，但是例冒號後面的語句，本該具體描繪洪水過後的不好景象，應順著上文語義，使用表示遭受義的「被」字句，可是說話者卻用了「把」字句，致使前後語意很不協調。這個句子宜改為：

㉓洪水雖然退了，但眼前是一片不好的景象：村舍的房屋被洪水沖倒了一大半，豬、雞、羊都被淹死了，空氣裡充滿了難聞的臭味兒；成堆的木材也幾乎都被洪水沖光了……

㉒例具體描述說明瑪麗是勤快的孩子。按上下文語義，宜用表示積極處置義的「把」字句，不該用「被」字句。這個句子宜改為：

㉔瑪麗是個勤快的孩子，每天都是她最早起來。等我們起床，她已經把早飯準備好了，還把屋子整理得乾乾淨淨。

「把」字句使用不當的問題癥結在哪裡？就在於我們在漢語教學中只向學生講授「把」字句所表示的語法意義，以及「把」字句在結構上所要遵守的規則，而忽略了「把」字句使用語境的教學。學生當然就不了解「把」字句使用的語義背景。

關於這個問題，陸儉明在《消極修辭有開拓的空間》一文中，從語言資訊結構的視角重新審視了「把」字句，指出表示處置義或致使義等，並非「把」字句的專利，其他句式也能表示。拿處置義來說，「姐姐把大家的衣服洗乾淨了」，「王老師把那詞典放回書架上」固然表示處置義，但是「大家的衣服姐姐都洗乾淨了」，「那詞典王老師放回書架上了」也包含有處置義；「孩子把爺爺哭醒了」固然表示致使義，可是「孩子哭醒了爺爺」同樣表示致使義。因此，陸儉明強調，一定要從語言資訊結構的角度比較「把」字句與其他句式在傳遞資訊上的異同，從而準確把握「把」

字句的具體用法。陸儉明教授的這一意見值得重視。[7]

總之，加強詞語與句法格式用法的研究與教學，這是雙語教學所迫切需要的。

二、詞語與句法格式用法研究主要抓什麼

上文的實例說明，在雙語教學中迫切需要有關詞語、句法格式用法研究的成果，因此，必須加強「用法的研究」。那麼，用法研究主要該抓什麼？

首先要了解我們所說的用法，不是指詞語能作什麼句法成分、不能作什麼句法成分那樣的句法功能，而是指詞語在什麼語境下可以用、在什麼語境下不可以用的那樣的語用功能。因此，我們所說的用法研究也可以說是從篇章的視角進行的用法研究，特別是同義詞、同義句式具體用法的辨析研究。

英語學習者大都有這樣的經歷與體會。漢語中表示「高」的概念只用一個「高」字：說人用「高」，如「他個兒高」；說生活中的具體事物用「高」，如「那椅子太高」；說建築物用「高」，如「那寶塔很高」；說自然界的山用「高」，如「喜馬拉雅山最高」；說到抽象的事物也用「高」，如「生活水準高」「她的思想境界高」「那鳥飛得很高」等等。總之，從下到上距離大用「高」，在一般標準或平均程度之上的，也用「高」。可是英語用不同的詞來表達，最常用的就是 tall 和 high。什麼時候該用 tall，什麼時候該用 high？初學英語的中國人常常分不清楚，也就是不知

道怎麼使用同義詞。同樣道理，外國人學漢語也會碰到相同的問題，譬如表示程度高，英文一般就用 very，而漢語用「很」「挺」「怪」，外國學生一開始也會分不清它們的具體用法。下面不妨舉兩個生活中的例子。

一個是陸儉明教授親身碰到的例子。有一次，他在校園裡碰到一位非洲學生，那學生見到陸老師很有禮貌地打了招呼，看到陸老師推著自行車，就脫口而出說了一句：「陸老師，你身體優異。」陸老師想問他怎麼會用「優異」這個詞，還沒等話說完，他就在陸老師問話的語氣中意識到剛才自己說的話大概有問題了，所以問陸老師：「我說得不對嗎？」陸老師回答：「說一個人身體好，不能用『優異』。」並問他：「你怎麼想到用『優異』這個詞？」那學生說：「『優異』這個詞是我前天剛學的，老師說『優異』是特別好的意思。漢語課本上也注釋『特別好』。我看著您身體這麼好，所以就用了『優異』這個詞。」這說明，那學生只知道「優異」的基本意義，而不了解「優異」的具體用法。漢語裡表示「特別好」意思的詞語很多，如「優異、優秀、棒、特棒、沒得說」等，各個詞語各有用場。「優異」只適用於說明成績、表現等方面。

再舉個實例。事情發生在「文革」期間的某所高校。當時也要組織留學生下鄉下廠勞動。回來學生就寫自己的所見所聞和體會。有位非洲學生作文中寫了這樣一個句子：「農民們在地裡辛勤地工作。」老師批改作文時，將「工作」一詞改為「勞動」。作文發下去之後，那位留學生來找老師問為什麼要把「工作」改為「勞動」。老師告訴他，寫農民在地裡播種、耕地、鋤草、收割等都不用「工作」，一般要用「勞動」或「幹活兒」；「工作」一般用在政府幹部、老師、醫生、會計、售貨員、司機等人的身上。那學生聽完就走了，老師以為他明白了。過了一會兒那留學生又回來了，手裡拿著《現代漢語詞典》，攤開對老師說：「老師，您看詞典上對『工作』的注釋為『從事體力或腦力勞動』。農民在地裡播種、耕地、鋤草不就是從事體力勞動嗎？怎麼就不能用『工作』呢？」那老師一時也回答不出來了。那麼，「工作」「幹活兒」「勞動」「做事兒」，這些詞在具體用法上的異同是什麼？這就很值得我們研究並說清楚，這對外國學生來說，也很重要。可是我們目前還很少有人這樣去研究。

關於同義句式的研究，幾乎是一個空白領域。過去只注意辨析過「客人來了」和「來客人了」，「誰是張三？」和「張三是誰？」這有限的同義句式，而像上面提到的表處置義的「把」字句和其他表處置義的句式差異在哪裡，沒人研究，以致長期以來「把」字句一直困擾著漢語教學。再如，下面的五個句子都屬於存在句：

㉕牆上掛著一幅畫。

㉖牆上有一幅畫。

㉗牆上有一幅畫掛著。

㉘那畫在牆上掛著呢。

㉙有一幅畫掛在牆上。

這五個存在句意思基本一樣，但它們各自的使用場合是不完全一樣的。那麼，什麼場合該用哪個句子？目前沒人研究。而外國漢語學習者需要知道它們的異同。

總之，雙語教學迫切需要我們加強詞語與句法格式用法的研究與教學，特別是需要從篇章的視角進行的用法研究，具體說很需要同義詞、同義句式具體用法的辨析研究方面的研究成果。

參考文獻

〔1〕呂叔湘.現代漢語八百詞〔M〕.北京：商務印書館，1980.

〔2〕中國社會科學院語言研究所詞典編輯室.現代漢語詞典〔M〕.5 版.北京：商務印書館，2005.

〔3〕中國社會科學院語言研究所詞典編輯室.現代漢語詞典〔M〕.6 版.北京：商務印書館，2012.

〔4〕呂叔湘.現代漢語八百詞（增訂本）〔M〕.北京：商務印書館，1999.

〔5〕李行健.現代漢語規範詞典〔M〕.2 版.北京：外語教學與研究出版社，2010.

〔6〕《當代漢語詞典》編委會.當代漢語詞典〔M〕.北京：中華書局，2009.

〔7〕陸儉明.消極修辭有開拓的空間〔J〕.當代修辭學，2015（1）.

〔8〕馬真.表加強否定語氣的副詞「並」和「又」——兼談詞語使用的語義背景〔J〕.世界漢語教學，2001（3）.

（原載於《黔南民族師範學院學報》2015 年第 6 期）

「你美就仿你」：仿擬的「同省異效關模式」

侯國金

一、引子

先請看幾則廣告：

①遇石鋸進（水南機械，泉州至廈門的高速路上的廣告）；

②TOB（陶板（裝飾地板廣告））；

③酒香也怕巷子深（西井石村（酒業廣告））。

這些廣告都使用了仿擬手法。何為仿擬？人們為什麼要用仿擬？為什麼那麼多廣告使用仿擬？也即，仿擬有什麼魅力？仿擬有什麼運作機制？仿擬能否推而廣之？這些以及更多的仿擬問題都值得我們深思。

以例①為例，很明顯，這是仿擬時髦習語「與時俱進」的廣告。既表達了水南機械的力量（遇到石頭也可像鋸子一樣鋸開路障），又傳承了上述習語的時代性或新穎性。比較可能的說法（釋義版）：「水南機械，有力，新穎」，不難發現，仿擬版言簡意賅，立意新穎，語效突出，符合最省力原則和生動原則。很多仿擬都是習語仿擬，也許是因為習語言簡意賅，蘊涵豐富，年久月深而富於典故（allusion）美（歷史典故、文學典故等本身也是修辭手法）。因此，不少研究者討論過習語的仿擬。[1][2]更多的仿擬研究是從以下視角：社會文化視角[3]、語言心理視角[4]、認知語用視角[5][7][8]、網路傳播視角[9]。國外除了仿擬的個案研究[10]，還有若干論著[11][12][13][14][15]，都是從文學藝術和社會文化視角考察仿擬的。

文章以「仿擬五『何』」為小議題，從詞彙—構式語用學和語用修辭學視角闡述仿擬的名、形、義、效等。這「五何」是：①何為仿擬②何以用仿擬③仿擬何以成為廣告的寵兒④仿擬何以運作⑤仿擬何須推而廣之。

二、何為仿擬

「仿擬」，在英語中稱作 parody，有時也拼作 parode，來源於希臘語（παρῳδία/parodia）——最初指滑稽或諷刺的詩／歌／音樂。根據《牛津英語詞典》（第四版），parody 有兩個義項：①為了某種荒誕的效果（a ridiculous effect）[1]而對他人詩文作品進行滑稽模仿的散文或詩文作品[2]；②蹩腳的模仿或歪曲[3]。它沒有收錄作為修辭手法的 parody。作動詞時，parody 就是「運用仿擬手法」，parodist 就是「仿擬（作）者」。

作為修辭手法的 parody，在一般的英語修辭書籍尚未見到介紹。仿擬是「仿照現成的語句格式，創造臨時性的新語句的一種修辭方式」[3]。所

1 《韋氏新大學詞典》（第 9 版）則說是為了「滑稽」（comic）或「嘲弄」（ridicule）的效果。

2 該用法用於 1598-1875 年，如「The derivations in the Cratylus .. are a parody of some contemporary sophists.」（Jowett Plato，ed.2，IV.134，《牛津英語詞典》，第四版）。

3 用於 1830-1900 年，如：「Such a parody of justice could be paralleled only by the very worst acts attributed to the Inquisition.」（W.M.Ramsay，Expositor Mar.210，《牛津英語詞典》，第四版）。

謂「仿擬」，其實是一個仿擬（言／作）者（語言使用者），利用對已知的甲構式（仿擬本體（hypotext））的了解和理解，進行個別處突顯的偷樑換柱，以產生形式上且同且異、大同小異的構式乙（仿擬的仿體（hypertext）[1]小構式的仿擬俗稱「仿詞／仿語」，大構式的仿擬則稱「仿句／仿篇／仿體」。〔16〕要麼是置換類仿擬，要麼是增減類仿擬[2]。例①的「遇石鋸進」這個仿體，主要是諧音地仿擬了習語「與時俱進」（只保留了「進」字）。例②的 TOB 這個仿體仿擬了英語單詞 TOP，兩詞只有一個字母的差別，音韻上算諧音。例③「酒香也怕巷子深」這個仿體則是對仿擬本體（老話、諺語）「酒香不怕巷子深」的形式仿擬（只改一字：「也」代替「不」）。當仿擬者意識到某個仿擬的突兀性，或者試圖明示其仿擬行為，他可應用特殊符號法：引號、斜體、重音、著重號等。

三、何以用仿擬

從上文的討論可知，「仿擬」二字，諧音於「仿你」，意味著仿擬者創造一個仿擬時，是出於「我要模仿你」的「趨同省力＋變異取效」的社會文化心理。仿擬（等修辭手法）具有語言表達的標記性（markedness），能實現較高的語境價值、社會語用價值、語用修辭價值、人際修辭和言語修辭效果、語用效果等，可統稱為「語用標記價值」（pragmatic markedness

---

1　「本體、仿體」的英語說法援引自 Dentith（2000：12-13），他重視文學文本的仿擬，因此有詞根 text。來自拉丁語和希臘語的前綴「hyper-」和「hypo-」分別標示「上、極、超」和「下、次、欠」。）。

2　前一類的例子很多，如本文諸例。後一類如「為人民幣服務」（仿擬「為人民服務」）（參見譚學純等，2010：84）。

value，PMV）或「語效」。良構的（well-formed）仿擬（不考慮非良構仿擬）往往給人以聽覺／視覺的驚喜，實現較高的 PMV 或語效。與非仿擬（無標記，U）相比較，仿擬是有標記的（M）。另一方面，假如一般仿擬為無／弱標記仿擬，那麼其他則為弱／中／強／極強標記仿擬。仿擬的標記性存在程度差別，只有在對比中才有 U／M 的（標記）價值。一般來說，標記性越高（正向標記），PMV 或語效就越高，反之則越低。

（一）趨同省力

人類個體一輩子說話無數，而具有創新性的詞語和構式卻是少之又少。我們總是在鸚鵡學舌地、有同有異地重複著前人和他人的詞語和構式。這些老被重複的詞語和構式，作為陳舊模因（meme），還會以（較強）模因的身分代代相傳，它們像語言預製板或磚頭一樣，嵌入我們日常話語的龐大機構。在這個意義上，人類的語言都是趨同的，因為趨同性意味著省力性。

若沒有上述作為舊模因的詞語和構式，語言交際就必須進行幾乎不可能的「永恆創新」。這種創新違反了交際的最省力原則，也超出了普通人的語言能力（包括認知能力、修辭能力、思維能力、交際能力、幽默能力、語用能力）。偶爾搞點創新，但僅僅表現在對一個構式（模因）的改造上：即為了自己的特殊交際目的，或者說為了特殊的語效，「依葫蘆畫瓢」時故意讓「瓢」在某處不像「葫蘆」，即在某處稍改既有構式，派生一個乍舊還新的構式（新模因），產生「依葫蘆畫瓜」之效。而假如這個仿擬（仿體）有不少人跟著效仿，那麼這個新模因就成了活躍模因、強模因。當然，當它強到婦孺皆知的程度時也就不新了，失去了當初作為仿擬（仿體）的奇效：或者成為死模因，或者導致再度「仿擬化」（parodization）而衍生出新仿擬（仿體／模因）。

（二）變異取效

假如說上述的「趨同省力」只是鸚鵡學舌、亦步亦趨，那麼所幸的是人們憑藉語言官能的些許創造性（此乃語言的結構特徵之一），做到小範圍、低程度的創新。當然，這個創新主要是推陳出新、溫故知新、「舊瓶裝新酒」，其最典型的表現就是仿擬。換言之，仿擬既表明了人類語言的「趨同省力性」，又能證明其「變異取效性」。

以習語仿擬為例，「依葫蘆畫葫蘆」是照搬重複，沒有任何創新可言。相比較而言，「依葫蘆畫瓢」就是仿擬了，不是「求同存異」，而是「求異存同」。既然趨同是為了省力，那麼那點小小的「變異」——「依葫蘆畫瓢」「依葫蘆畫瓜」「依葫蘆畫果」類仿擬——則直接服務於「取效」。英語諺語「A stitch in time saves nine.」（一針及時省九針。）有時被人仿擬，所選擇仿點（仿擬空位）為 stitch（所占的位置），於是就有例④：

④a.A book in time saves nine.（及時地讀某一本書，就省去了讀其他九本書的必要。）

b.A paper in time saves nine.（及時地讀／寫一篇論文，就省去了讀／寫其他九篇論文的必要。）

在原則上或理論上，該諺語提供了（⑤a）的構式模因，以作為諸多可能或潛在的仿擬（仿體）的本體。其他可能的構式模因有（⑤b-d）。

⑤a.A/An X in time saves nine.

b.A stitch in time saves Y.

c.A/An X in time saves Y.

d.A/An X in time V-s Y.

例（⑤a-d）的區別在於，例（⑤a）是該諺語構式被仿擬的無標記式，其他均為有標記式。在有標記式中，由於（⑤b）也只有一個仿點（Y處空位），具有仿擬的良構性，算弱標記式。（⑤c）有兩個仿點，算強標記式仿擬。至於（⑤d），因其三個仿點算極強標記式。標記性存在正負兩極，正向標記性指標記式產生良構的、可及的構式及其合意的語效，相反，負向標記性指標記式產生非良構的、不可及的構式及其不合意的語效（或者無語效可言）。

在一般情況下，（⑤c）和（⑤d）具有負向標記性，因此一般是不會出現的。可見，「變異取效」要注意標記性的正負極性，要注意適度。簡單地說，仿擬者應該做到「六知」：

（1）知道是否應該創造仿擬；

（2）知道仿擬的本體；

（3）知道生成良構、可及的仿體的方法；

（4）知道本體的無標記仿點（空位）和有標記仿點（空位）；

（5）知道一般情況下仿擬標記性和語效的正比關係；

（6）知道特殊情況下仿擬標記性和語效的反比關係。

仿擬者明白，在巧用仿擬的情況下（暫時不討論弄巧成拙的仿擬），仿擬的優勢在於：①詞少義多，言簡意賅；②「舊瓶裝新酒」的省力；③好看，好念，好聽，好記。仿擬之所以能成立乃至盛行[1]，關鍵在於它最大限度地遵守了最省力原則（經濟）和生動原則（取效）。我們知道，任何構式都是音、形、義、效的四位一體的結晶，假如前三個構成因素是構式的充分必要成分，那麼「效」則不然，因為不少構式在一定語境中沒有什麼（好）效可言，因此屬於枯燥乏味甚至錯誤失敗的構式用法。再說仿擬，假如仿擬者使用的仿體只有音、形、義而無效，這絕不是廣告商所需要的。可以說，他們追求的核心就是「效」。為了這個「效」，有時用語言，有時乾脆不用語言。有時使用其他修辭手法，有時則使用仿擬。因此，就仿擬構式或構式仿擬而言，（語）效高於一切。

語效的攫取，一方面在於仿擬本體被聯想地啟動和復原，產生典故修辭美和本體原有的一些（乃至全部）意蘊，另一方面在於仿擬仿體的仿點啟動的商品／服務或語用意圖的指向。

例①「遇石鋸進」這個仿體聯想地啟動了習語「與時俱進」，產生了些許典故修辭美和本體原有的一些（乃至全部）意蘊，即水南機械是「與時俱進」的「先進高科技產品」。另一方面該仿體的仿點啟動了相關商品或語用意圖的指向——分別為「水南機械」和「我要你買我的水南機

1　Dentith 所寫的《Parody》一書的宣傳頁上說，「仿擬在現當代文化裡俯拾即是，充斥於文學、戲劇、電視、電影、建築乃至日常口語，位居當代文學和文化理論的中心」。

械」，隱含出相應的「我們的商品就是好」的語效。

四、仿擬何以成為廣告的寵兒

「你美就仿你」，這是正常人的愛美心理。生活中的趕潮流就是如此。東方女子目前以（你等）穿短褲為美，於是大家都仿你（們）／仿擬。再有，大家都以鄧麗君、劉德華、刀郎、趙本山等的演藝演技為美，於是紛紛仿擬。當然，這裡的「仿擬」不如改稱「模仿（秀）、效仿、效法」。詞彙學教材所介紹的十幾種構詞法中就有仿擬類，一般稱作「比擬／類比造詞」（analogy coinage），涵蓋色彩、數位、地點／空間、近似（度）、反義（關係）等多方面的比擬／類比。既然有 sunrise（日出）和 sunset（日落），那麼為什麼不能有 moonrise（月出）和 moonset（月落）？如今神舟五號和六號都能上天，從九霄雲外觀察地球、火星、金星等，自然而然就能有 earthrise（地出）和 earthset（地落），Marsrise（火出）和 Marsset（火落），Venusrise（金出）和 Venusset（金落）等。再如，國家元首的太太叫作「first lady」（第一夫人），那麼以此比擬／類比法就能生出很多仿擬構式／詞語，如「first mother」（第一母親），「first son」（第一兒子），「first granddaughter」（第一孫女），「first step-grandpapa」（第一繼祖父）等。既然有「第一」，就有「第二」「第三」等，匹配「副總統」「國務卿」等。

仿擬何其美！仿擬何其多！社會行為的仿擬具有實在的社會心理現實性，也不違背法律道德的準繩。詞彙—構式的仿擬，除了社會心理現實性以外，還具備詞彙—構式語用學的科學性，或者說符合其基本原理和原則。成千上萬的歇後語可以說都是仿擬的副產品。任何種類的習語都容易被仿而擬之。筆者詢問過百餘人，假如張三犯錯誤的次數和程度超過李四卻常常笑話李四，又假如你要利用／運用習語「五十步笑百步」，你可能說「五十步笑四十步」「一百步笑五十步」等類似的說法嗎？答案都是肯定的。在這種情況下，人類幾乎具有仿擬的本能。另外，仿體的美（或PMV／語效）還要超過本體，否則不如不仿（擬）。

廣告，是廣而告之的媒體動態宣傳品，惜字如金。要節約用字，又要產生最好的 AIDA 語效，即 attention「（引起）注意」，interest「（發生）興趣」，desire「（產生購買）欲望」，action「（付諸採購）行動」。廣告商不是詩人，不可能生成適合相關商品的創造性語句，更不用說創造性詞語和構式了。為了不可能的可能，廣告商在心理上傾向於詞語和構式的拿來主義做法，即仿擬。除了上面的例（①-③），再如[1]：

⑥一箭鍾情（箭牌口香糖廣告語）
⑦一明驚人（某眼病治療儀廣告）
⑧衣名驚人（某服裝廣告）
⑨一鳴「警」人（南通某報警器廣告）
⑩專心治痔（痔瘡藥物廣告）
⑪無胃不治（某胃藥廣告）
⑫腸治久安（腸胃藥廣告）
⑬治關重要（某關節炎藥廣告）

1　例（⑥-⑮）借自蔣慶勝（2014）。

⑭立肝見影（某肝病藥廣告）

⑮咳不容緩（桂龍止咳藥廣告）

例⑥使用四個字，取得了千言萬語不能媲美的 AIDA 效應，因為：①它是對習語構式「一見鍾情」的仿擬，其聯想復原的本體表達了「一見鍾情」以及把該口香糖當作情人一樣（典故）的意蘊。②仿點「箭」字啟動了箭牌口香糖的商品指向，以及「我要你買這款口香糖」的語用目的指向，隱含了「我一看見這款口香糖就要買」的廣告語效。

與此類似，例⑦的「一明驚人」是對習語「一鳴驚人」的仿擬，聯想復原的本體即習語「一鳴驚人」本身的意蘊（不同凡響；不鳴則已，一鳴驚人），這裡的仿點「明」啟動了廣告的眼病治療儀指向，或（也可作為）近視眼鏡店的廣告的指向，以及「我要你買這款眼病治療儀／眼鏡」的語用目的指向，隱含的是「我的眼病治療儀／眼鏡就是好」的語效。

與例⑦同音的例（⑧-⑨），也是如此仿擬，前者的仿點「衣」字其指向為所廣告的服裝（店）和「我要你買這件衣服」，後者的仿點「警」字其指向為所廣告的報警器和「我要你買這款報警器」，隱含的是「我的服裝／報警器就是好」的語效。例（⑩-⑪）分別仿擬習語「專心致志」「無微不至」，自然是分別聯想復原了這兩個習語及其原有的意蘊（做事特別專心，照顧特別細心），其仿點分別為「痔」「胃」，相應的商品指向為痔瘡藥／胃藥，語用目的指向為「我要你買這款痔瘡藥／胃藥」，隱含了「我的痔瘡藥／胃藥就是好」的語效。例⑫仿擬的以及聯想復原的是習語「長治久安」（的固有意蘊），仿點為「腸」，其商品指向為腸胃藥，其語用目的指向為「我要你買這款腸胃藥」，隱含了「我的腸胃藥就是好」的語效。例⑬仿擬和聯想復原的是習語「至關重要」（的固有意蘊），仿點「治（關[1]）」的商品和語用目的指向分別為「關節炎藥物」和「我要你買這款關節炎藥物」，隱含了「我的關節炎藥物就是好」的語效。例⑭仿擬和聯想復原的是習語「立竿見影」（的固有意蘊），仿點「肝」的商品和語用目的指向為所廣告的肝藥和「我要你買這款肝藥」，隱含了「我的肝藥就是好」的語效。最後，例⑮仿擬和聯想復原的是習語「刻不容緩」（的固有意蘊），仿點「咳」的商品和語用目的指向為所廣告的止咳藥和「我要你買這款桂龍止咳藥」，隱含了「我的止咳藥就是好」的語效。

五、仿擬何以運作

（一）仿擬的語用條件

由上文可知，仿擬者要表達一個思想時存在若干選擇項，其一為全新的創造性話語／構式，其二為全舊的重複性話語／構式，其三為半舊不新即半創造半重複的話語／構式。單說第三種，多數情況下是某話語／構式的一兩個空位的語境化填充，沒有什麼特別的語效可追求或實現，也就不一定是修辭手法。在特殊情況下，它就是為了特殊語效而啟用的辭格仿擬，如上面的各例以及例⑮至⑰。

⑯a.昨夜我做了個美夢。

b.昨夜我做了個醜醜的夢。

1 此「關」非彼「關」。這是巧用「關」字的另一意義。它不是仿點，卻有助於仿點。

c.昨夜我做了個醜夢。

例（⑯b）是對（⑯a）符合句法語義規則的換詞演繹而已，每個句法空位（如主、謂、賓、定、狀、補）原則上都允許換詞填充，條件是語境化和關聯化，即根據即時語境和上下文要求填充相關聯的語詞。換言之，例（⑯b）是在半圖式語句構式（有時稱「語式」「昨夜我做了個 X（的）夢」的語境化、關聯化填詞練習。相比較而言，若改說成例（⑯c），則可視為仿擬，因為「醜」字在形式上和功能上相似於甚至等值於同一構式的「美」字，在語效上則完全相反，或者說是反向地高於同一構式的「美」，因為「美夢」為固定搭配，是舊模因（陳舊的移就手法），沒有多少修辭美可言。相反，仿擬「美夢」的「醜夢」則聯想復原了「美夢」的固有意蘊，仿點「醜」的語用目的指向為「我需要訴說和同情」，隱含了「我昨夜沒睡好」的語效。這也是為什麼「醜夢」類話語往往招致受眾的同情、安慰類話語的回饋，而美夢類話語一般用於晚上告別的祝願語。

蔣慶勝提出了五條良構仿擬的語用條件，值得參考（作者略作修改）。[3]

（1）選擇合適的成語本體，找准成語可替換的焦點，並作為整體等量、同詞性替換，避免破壞原詞的自由結構。

（2）通常只選擇一個焦點作為仿點，可使用諧音，避免破壞本體的音韻結構。

（3）仿擬應在語義上自足完備、有意義，可進一步策劃新奇度，提高語用標記值。如果兼具其他修辭格（如誇張、拈連、雙關等）則更佳。

（4）語義上一般應尊重成語本體及接受主體的情感傾向，仿體的情感傾向應與成語本體處於同一方向，形成情感上的良構性，即本體為褒義／貶義則仿體儘量不表達貶義／褒義。

（5）仿擬應從整體上追求和諧，不片面追求可接受度或新奇度。

關於條件（4），仿體和本體的情感傾向一般應該處於相同的方向，除非偶爾的活用，如「好球員就是三天打球兩天打盹」，褒義，仿擬貶義的「三天打魚兩天曬網」。再如，「林丹取勝不怪風向」，褒義，仿擬貶義的「X 失敗（不）怪 Y」良構性打了一點折扣。另外，有些誤用不能算作仿擬，如「怒其不幸，哀其不爭」，本是誤用了「哀其不幸，怒其不爭」[1]，算不得（良構）仿擬。

關於仿擬廣告，吳春容、侯國金提出了四條良構仿擬廣告要滿足的語用條件：[17]

（1）廣告策劃者要對產品的消費群即目標受眾的知識水準和文化背景有合適的語用預設，擬定新奇性與難易度和諧的廣告，即仿擬的仿體與（隱性）本體在音形義（甚至篇、調）上的關聯度和標記性要適度；

（2）廣告中的仿點與擬宣傳與推銷產品的名稱、性能或特徵具有可解讀性關聯度；

（3）要讓受眾產生積極正面的情感訴求，要以不傷害詆毀他人名譽為前提；

（4）廣告在仿擬修辭基礎上若輔之以一兩個其他修辭格加深受眾印象，效果更佳。

---

1 張煒《艾略特之杯》（華東師範大學出版社，2004：97）的錯誤，由劉從軍（2013）指出（咬文嚼字編輯部，《2013 年〈咬文嚼字〉合訂本》，11-17）。

請看筆者近來遇到的數例仿擬：

⑰食里香（藏區康巴地帶的一家餐館）
⑱潯美大橋（泉州市區一座橋梁）
⑲富硒江津，「硒」望無限（重慶市江津地區高速公路上的廣告）

例⑰明顯是以「十里香」（常作飲食店名稱，或作為飲食的讚美之詞）為本體進行仿擬的。仿擬者「找準」了「十里香」的一個焦點，保留了本體的構式美（形式美和音韻美），符合蔣氏良構條件（1）至（2）。以「食」易「十」，直接指向作為商品和服務的飲食，所聯想恢復的本體「十里香」（兼）有誇張辭格，語用標記值很高，符合蔣氏良構條件（3）。仿體和本體都呈褒義，具有情感訴求同向性和等效性，符合蔣氏良構條件（4）。整體上，例⑰的三字店名整體上和店鋪、商品、服務、仿擬本體、顧客期待值等方面具有一致性，符合蔣氏良構條件（5）。該廣告也符合吳一侯良構仿擬廣告條件（1）至（4）。例⑱是以「尋美」（大橋）為本體進行仿擬的。不過，論詞源，「潯美」原為泉州的外來往船隻通商停靠之地，該地（名）在明代初期稱為「潯江」，因地處臨海的邊緣（此處方言稱之為「盡尾」），依地貌雅化為「潯美」。因此，若說「潯美X」是仿擬了「尋美X」，得追溯到明代以前。例⑲的「『硒』望無限」明顯是仿擬了憧憬構式「希望無限」。該公路廣告改「希」為「硒」，是為了突顯江津的特色大米（其他有「富硒蔬菜」「富硒水果」「富硒茶葉」）。這兩個廣告都滿足了上述良構仿擬（廣告）的條件。

下面是筆者近日看到的媒體仿擬，都符合上述條件，都具有很高的語效。

⑳娜就這樣吧（和一段網球傳奇說再見，《體壇週報》2014 年 9 月 19 日，談及李娜宣布退役）

㉑大「巴」考驗國奧（出處同上，國奧隊在仁川亞運會上面臨下一個對手巴基斯坦隊）

㉒低效！中國被逼上鮮境？（出處同上）

㉓吾股豐登（湖北衛視證券節目）

例⑳仿擬了「那就這樣吧」，仿點為「娜」。由於李娜的網球風格和成就，媒體上就「娜」字所做的類似仿擬比比皆是，如「娜樣率真」「娜樣刻苦」「娜樣美麗」「娜樣的霸氣」「花兒娜樣紅」「娜樣怒放」「娜樣堅強」「中國網事『娜』樣特別」「娜樣信心」等，甚至報導她的新聞乾脆叫作「娜樣新聞」了。例㉑的「大『巴』」（注意引號，否則不算（典型）的仿擬），仿擬了「大巴」（大型公車），仿點為「巴」。例㉒仿擬了「險境」，仿點為「鮮」。中國女足在二〇一四年九月十八日的亞運會足球賽中小勝中國臺北隊。假如對陣約旦隊無法以大比分取勝，就會以小組第二的身分出線。這樣一來，則在四分之一決賽中可能遭遇第三小組的第一名即老對手朝鮮隊，而中國女足在過去七年的十次交鋒中從未取勝，因此有「險境／鮮境」一說。例㉓仿擬了習語「五穀豐登」，仿點為「吾股」。類似的有「談股論金」「股金天地」等。

（二）仿擬的「同省異效關模式」

從上文的討論可知，仿擬者在滿足上述良構仿擬的條件下，對某個中意的已知構式進行仿擬，此乃「趨同省力、變異取效」使然。如上文所雲，趨同是為了省力，變異是為了取效。換言之，不趨同便費力，不變異便無效（或低效）。在無窮多的構式中，仿擬者之所以選擇這個而非那個構式進行仿擬，是因為他對該構式生成的預設語境和預設話題的了解，以及他對即時語境和即時話題的了解。前者是即將仿擬的構式本體的社會文化和語域話題土壤，後者則是構式仿體的社會文化和地域話題土壤。從默認語境到即時語境，仿擬者發現或構建了一種語境關聯（性），而在預設話題和即時話題之間發現或構建了一種話題關聯。

原則上，仿擬者根據對一個構式本體以及上述關聯的理解，能夠生成若干構式仿體（構式本體越長、越複雜，可能生成的構式仿體也就越多）。如果沒有任何仿點，就不能稱其為仿擬。而如果仿點等於／大於本體的組成成分，則為完全新創／浮現，亦非仿擬。只有在仿點小於本體成分數目的前提下，才能進行良構性和非良構性仿擬的評估和對比（依據上述良構仿擬的語用條件），如圖 1 所示。

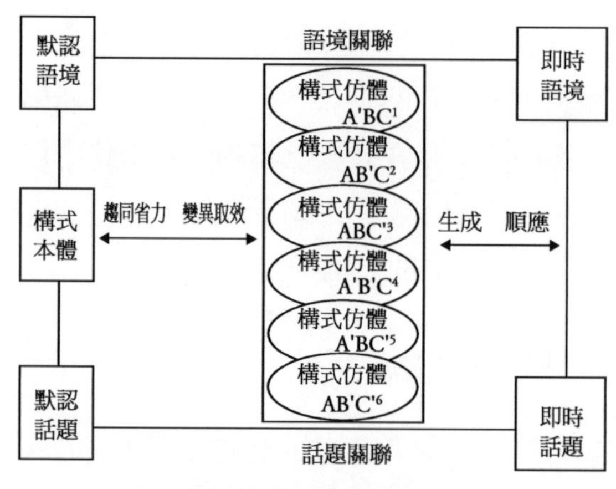

圖 1 仿擬的「同省異效關模式」

倘若有一個構式由「ABC」三個成分構成，那麼，仿擬者原則上可以生成六種構式仿體。

（1）仿體：A′BC（一個仿點，即 A′）。
（2）仿體：AB′C（一個仿點，即 B′）。
（3）仿體：ABC′（一個仿點，即 C′）。
（4）仿體：A′B′C（兩個仿點，即 A′B′）。
（5）仿體：A′BC′（兩個仿點，即 A′C′）。
（6）仿體：AB′C′（兩個仿點，即 B′C′）。

讓我們回顧一下幾個舊例：例②，本體為 TOP，有三個（字母）成分；仿體 TOB 也有三個成分，有一個仿點（字母 B），是良構仿擬，語效適中。例③，本體為「酒香不怕巷子深」，有七個成分；仿體「酒香也怕巷子深」也有 7 個成分，有一個仿點（「也」字），是良構仿擬，語效適中。例⑩，本體為「專心致志」，有四個成分；仿體「專心治痔」也有四個成分，有二個仿點（「治、痔」），是良構仿擬，語效較高。例，本體為「無微不至」，有四個成分；仿體「無胃不治」也有四個成分，有二個仿點（「胃、治」），是良構仿擬，語效較高。例，本體為「五穀豐登」，有四個成分；仿體「五穀豐登」有四個成分，有二個仿點（「吾、股」），是良構仿擬，語效較高。例①，本體為「與時俱進」，有四個成分；仿體「遇石鋸進」也有四個成分，卻有三個仿點（「遇、石、鋸」），是良構仿擬，語效極高，如表 1 所示。

表1　仿擬的「同省異效關模式」的例析

本體	成分數目	仿體	成分數目	仿點數目和內容	良構與否	語效
TOP	3	TOB	3	1，B	是	適中
酒香不怕巷子深	7	酒香也怕巷子深	7	1，也	是	適中
專心致志	4	專心治痔	4	2，治、痔	是	較高
無微不至	4	無胃不治	4	2，胃、治	是	較高
五穀豐登	4	吾股豐登	4	2，吾、股	是	較高
與時俱進	4	遇石鋸進	4	3，遇、石、鋸	是	較高

當然，判斷仿擬是否良構不僅要看本體和仿體的成分數目和仿點數目，還要看在多大程度上符合上述良構仿擬的語用條件，最終還要以良構（合乎語法）、得體（文體、修辭、禮貌等方面合適）、可及（能被解讀）為准。在一個語篇中，一個仿擬的良構與否以及語效的高低，還與該語篇已經和即將使用多少以及什麼樣的仿擬有關聯。假如某語篇裡的其他仿擬又多又俗，那麼某仿擬的良構性（或得體性）也會被折損。

有趣的是，例⑦至⑨都是對本體「一鳴驚人」的仿擬，不同的仿點意味著不同的即時語境、即時話題和相應的商品和語用目的指向。例⑦的「一明驚人」匹配眼病治療儀或眼鏡店，例⑧的「衣名驚人」匹配服裝廣告，例⑨的「一鳴『警』人」匹配報警器，都是佳配。當然，例⑧若只用一個仿點（「衣」）語效更佳。不難想像，這幾個廣告的仿擬若張冠李戴會產生何等非良構性「負語效」。

六、仿擬何須推而廣之

早在一九七八年，英國記者和廣播員 Andrew Neil 在英國週刊《聽眾》（《The Listener》）上發表了以「Britannia Rues the Waves」為題的雜文，不說其政治和經濟影響力多麼強大，單說其題目和正文多次出現的這個仿擬[1]，其語效躍然紙上，就令無數文學愛好者嘖嘖稱奇。不僅文人墨客酷愛仿擬，平頭百姓亦然。一言蔽之，在耳治和目治交際中仿擬十分普遍，尤其為廣告商所青睞。下面是筆者近日收集到的「泉州仿擬」。

㉔天地「糧」心，珍惜莫蝕（華僑大學餐廳廣告）

㉕我的「徽」常之旅（《華僑大學報》，2014 年 9 月 16 日）

㉖期待男神女神完美邂逅！（華僑大學 2014 年 9 月迎新標語）

㉗愛尚飲（華僑大學飲食店，另一層（雙媒體）仿擬：一個紅心圖示代表了英語單詞 Drink 的字母 i 的一點）

㉘美家美戶（華僑大學門口牆紙店廣告[2]）

㉙烤尚癮（泉州某燒烤店）

㉚博視康眼鏡（泉州眼鏡店）

㉛a. UDS 泉天下（泉州某電器商場的熱水器廣告）

b.世界速熱 從泉天下開始（出自同一則廣告）

㉜想吃柴火飯？求人不如球釜！（蘇泊爾球釜電飯煲等炊具廣告）

㉝簡樸寨推出客家菜（泉州某飯館廣告）

1 仿擬的英國海軍歌曲的自豪詞語「Brittania，rules the waves!」（也有寫作「Britannia! Rule the waves: ...」。意思是「英國統治大海」。）仿體改動一個字母，意思迥別：「英國望洋興嘆。」

2 「美家美戶」還包括空氣淨化器等產品。

例㉔仿擬「天地良心」，仿點「糧」指向糧食和節約糧食的語用目的。例㉕仿擬「非常」（福建、湖南、重慶等地方言的/f, h/不分），仿點「徽」指向安徽（尤其是徽州）和徽州情結。例㉖的「男神」仿擬的就是隨後的「女神」（指美女），仿點指向男生和新生年輕英俊的意象。例㉗仿擬了「愛上癮」，仿點「尚」指向時尚，仿點「飲」指向飲料，一同產生「這裡就是時尚飲料的天堂，趕快來消費吧」的語用目的（另一層仿擬是：仿點為代替 i 的那個點的紅心，指向對飲料的貪戀和「趕快購買吧」的語用目的）。例㉘仿擬了「每家每戶」，仿點「美」（兩次）指向美化房屋的牆紙和「快來購買吧」的語用目的。例㉙類屬於例㉗。例㉚仿擬了「博士 X」，仿點「博視」指向近視眼鏡和「想讀博的快來買吧」的語用目的。例㉛的兩處「泉天下」仿擬了「全天下」，仿點「泉」指向泉州市和「只要是泉州人，就來購買吧」的語用目的。例㉜仿擬了「求人不如求己」，仿點「球釜」（一系列炊具的商標）指向該產品（系列）和「快來購買吧」的語用目的。例㉜仿擬了國名「柬埔寨」，仿點「簡樸」指向該店鋪和「返璞歸真的朋友們，來這裡吃飯吧」的語用目的。

仿擬，不推而廣。筆者在應姜望琪之答時就是基於語言學術語翻譯的「三從四得」這一仿擬。[18]

本文展示了仿擬的特點和魅力，但絕非慫恿大家一窩蜂似地使用仿擬。第一，仿擬需要符合上述良構性仿擬（廣告）的條件。第二，仿擬過多會徒增油腔滑調之感。第三，與文化程度較低的人和中小學生交流時，還是以儘量少用仿擬為宜。若使用，要使用引號類標識，以免他們先入為主地以為該仿體是本體（須知這是錯別字產生的一大根源）。第四，要杜絕低俗和惡俗的仿擬（如「沃派泉州」的通信產品廣告「沃是高富帥」，歇後語「往廁所扔石頭——『糞』發向上」，網站上的半色情渲染「（模特）『胸』湧來襲」）。第五，語詞—構式的仿擬（連同社會文化行為的模仿），在仿點的選擇上，在仿點的數量上，在趨同省力和變異取效的取捨上，在「趨同」和「變異」的程度上，在跨（語）域的適切度上，仿擬者都要格外小心。據說江蘇某級政府規定其職能部門的公文不能使用仿擬。這不是全無道理的，因為仿擬具有滑稽或嘲弄性質（見第 1 節），而且屬於口語體。至此，仿擬把我們帶入了所說的兩難困境：誇不得，壓不得。〔19〕

七、結語

仿擬是修辭書籍介紹得比較少的修辭格，僅為辭格而已。本文把仿擬的本體和仿體都當作構式，從新型跨學科「詞彙—構式語用學」〔20〕和「語用修辭學」角度，以仿擬五「何」為題，對仿擬的語用屬性進行了討論。先是闡述了「何為仿擬」，接著討論了「何以用仿擬」的問題，指出仿擬的語用價值主要在於「趨同省力」和「變異取效」。前者符合最省力原則，後者則符合生動原則（幽默原則）。仿擬何以如此盛行？何以成為廣告的寵兒？其實這是「你美就仿你」的常人心理，也符合詞彙—構式語用學的學理：以「舊瓶」（舊模因）「裝新酒」。廣告鍾情於仿擬，主要是因區區數詞卻有言簡意賅之力和「立等」可見 AIDA 之效。關於「仿擬何以運作」，借用蔣慶勝等的語用條件，稍加闡發，加以例證，並提出仿擬的「同省異效關模式」。最後，關於「仿擬何須推而廣之」，筆者討論了四點注意事項。文中難免舛誤，見教於大方。

參考文獻

〔1〕莫彭齡.試論成語的文化研究〔J〕.揚州大學學報（人文社會科學版），2000（3）.

〔2〕劉宇紅，謝亞軍.從構式語法看漢語成語的仿用〔J〕.解放軍外國語學院學報，2007（6）.

〔3〕蔣慶勝.成語仿擬的語用條件及策劃〔J〕.外語教學，2014（2）.

〔4〕龍紹贇.仿擬辭格的社會認知心理動因〔J〕.山東外語教學，2008（5）.

〔5〕李鑫華.仿擬映射出的人的主觀思維問題說略〔J〕.福建外語，2001（3）.

〔6〕徐國珍.仿擬行為的認知功能及認知策略〔J〕.修辭學習，2005（5）.

〔7〕黃緬.諧音仿擬的認知機理——諧音仿擬研究的新進路〔J〕.外語教學，2007（4）.

〔8〕牛保義，席留生.仿擬構式生成的認知語用學解釋〔J〕.現代外語，2009（2）.

〔9〕戴軍明.淺析仿擬修辭格在手機短信中的運用〔J〕.語言文字應用，2005（S1）.

〔10〕Bohn A.Parody and quotation: a case study of E.T.A.Hoffman's Katter Murr〔M〕//Müller B.Parody: dimensions and perspectives.Amsterdam：Rodopi，1997.

〔11〕Hutcheon L.A theory of parody: the teachings of twentieth-century art forms〔M〕.London: Methuen, 1985.

〔12〕Rose M.Parody: ancient, modern and post-modern〔M〕.Cambridge: CUP, 1993.

〔13〕Phiddian R.Swift's parody〔M〕.Cambridge：CUP, 1995.

〔14〕Müller B.Parody: dimensions and perspectives〔M〕.Amsterdam: Rodopi, 1997.

〔15〕Dentith S.Parody〔M〕.London: Routledge, 2000.

〔16〕譚學純等.漢語修辭格大辭典〔Z〕.上海：上海辭書出版社，2010.

〔17〕吳春容，侯國金.仿擬廣告的語用修辭學解讀和仿擬譯觀〔J〕.當代修辭學，2015（1）.

〔18〕侯國金.語言學術語翻譯的原則和「三從四得」——應釐望琪之「答」〔J〕.外國語文，2011（3）.

〔19〕Sperber D, Wilson D.Rhetoric and relevance〔M〕//Wellbery D., Bender J.The ends of rhetoric: history, theory, practice.Stanford: Stanford University Press, 1990.

〔20〕侯國金.詞彙—構式語用學〔M〕.北京：國防工業出版社，2015.

（原載於《黔南民族師範學院學報》2015 年第 5 期）

當代中國少數民族語言資源調查

黃成龍

一、引言

過去我們一般認為語言是文化的載體，是人類重要的交際工具。隨著全球化和科技的進步，人們意識到語言至關重要，把語言看作是一種資源，即獲取知識的資源，是承載民族文化的重要資源。在國內，邱質樸最先使用「語言資源」這一概念，他認為「語言資源」是在社會對語言大範圍大規模需求的背景下形成的，也是語言社會學產生後對於語言的一種觀點。〔1〕自二十一世紀以來，把「語言」看作資源的學者越來越多，如張普對「語言資源」進行了界定，並認為「語言資源」是最基本的社會資源，是負載物質形態的社會資源，是資訊資源（資訊的輸入、輸出、存儲、加工、傳輸、交換、過濾、提取、管理等處理）的載體。〔2〕陳章太認為，「語言是一種有價值、可利用、出效益、多變化、能發展的特殊社會資源」〔3〕。自二〇〇八年以來，諸多學者對「語言資源」問題進行相關研究和討論，如江藍生〔4〕、達・巴特爾〔5〕、李宇明〔6〕、徐大明〔7〕、范俊軍〔8〕、楊通銀〔9〕、周有光〔10〕等。「語言資源」這一術語已被學者們普遍接受，國內外如今興起「語言資源」保護研究熱潮。

儘管「語言資源」這一概念出現很晚，然而，對無文字民族語言資源的記錄和保存可以追溯到十九世紀末二十世紀初。在當時，已經有學者通過直接聽寫、抽樣、翻譯、田野筆記等手段記錄語言資源。人類學學者把自己所調查的語言資源保存起來，使後人能夠查閱和研究那些最初的手寫材料，尤其是美國人類學家弗朗茨．博厄斯及其弟子愛德華．薩丕爾和他們的後輩把北美瀕臨消亡的語言記錄下來，並保存在史密森尼博物館。這些資源是十分珍貴的文化遺產，為後人研究北美印第安語言和文化留下寶貴的資源。[11]

中國是由漢族和五十五個少數民族組成的統一的、多民族國家，可謂全球語言與文化多樣性較為豐富的國家之一。中國五十六個民族使用約一三〇種語言[12]，這些語言分別屬於漢藏、阿勒泰、南亞、南島和印歐五大語系。儘管中國少數民族語言的記錄和樣本採集始於十九世紀中晚期，但運用現代語言學方法研究中國的少數民族語言始於二十世紀三〇至四〇年代。抗戰時期很多大學西遷昆明，而由北京大學、清華大學和南開大學聯合組成西南聯合大學，當時聯大和位於成都的華西協和大學的一些知名學者和研究生利用身居西南少數民族地區的便利條件，出於對西南少數民族語言研究的興趣，調查、記錄了一批少數民族語言，發表了一些開創性成果。羅常培曾調查納西語、民家（白族）語、俅（獨龍族）語、怒語、景頗語、傈僳語、擺夷（傣族）語等少數民族語言，並先後發表了相關論著。[13][14]李方桂從二十世紀三〇至四〇年代調查過壯語、傣語、水語等語言，並發表《龍州土語》等。[15]聞宥調查過羌語、白語、納西語、嘉戎語等，在此基礎上發表相關論文。[16][17][18]傅懋績從一九三九至一九四一年調查過撒尼彝語；高華年一九四一至一九四二年調查過納蘇彝語、哈尼語；馬學良一九四一年調查了撒尼彝語；袁家驊調查了窩尼彝語、阿細彝語；芮逸夫調查了傈僳語；邢公畹調查了傣語等。中國現代語言學的奠基者羅常培、李方桂及其弟子不僅開創了少數民族語言的調查研究方法，而且還記錄了一些民族語言資料，是當今最珍貴的民族語言資源。

二、二十世紀五〇至六〇年代民族語言資源普查

新中國成立以來，黨和國家積極扶持少數民族語言研究事業，設立各級研究機構，壯大研究隊伍，培育學科體系，為當時的民族語言資源普查奠定了堅實基礎。

（一）民族語言學科建設

二十世紀五〇年代以來，從中央到地方，陸續建立了中國科學院少數民族語言研究所、民族研究所等專門的民族語文研究機構，成立了設有少數民族語文系科專業的十多所民族院校。一九五〇年中國科學院語言研究所成立，其任務之一就是調查研究國內少數民族語言資源，一九五二年該所下設少數民族語言研究組，成為最早的少數民族語言研究機構。一九五〇年十一月，政務院（現國務院）批准的《培養少數民族幹部試行方案》規定：中央民族學院及其分院應設立關於少數民族問題的研究室，中央民族學院應負責研究少數民族語言文字。一九五二年，中央民族學院設立少數民族語文系，西北民族學院、廣西民族學院等地方民族院校也相繼成立了民族語文系。與此同時，各民族地區也陸續成立了專門的民族語言文字研究和工作機構。在李方桂、羅常培、傅懋績、馬學良等老一輩語言學家

的開創和建設下，中國少數民族語言資源的科學研究立足於中國的民族語言資源的實際，引進、消化西方現代語言學的共時描寫、歷時比較、對比研究等理論方法，形成了以田野調查為基礎的學科體系，並注重解決實際的民族和語言文字問題。當代中國少數民族語言的研究在語言資源的調查、語言的描寫、歷時比較和語言政策與規劃等方面取得的成績較為顯著。

（二）新中國初期民族語言資源大調查

新中國成立前，中國第一代少數民族語言學者對中國少數民族語言資源的調查是開創性的，積累了一些第一手資料，大多數資料到如今也是十分珍貴的，但基本上都是零散的，還沒形成規模。新中國成立後，早在二十世紀五〇年代初期，為推進民族識別工作，了解和摸清中國少數民族語言資源的現狀和分布，在第一代民族語言學者的指導下，培養了第二代少數民族語言文字工作者，他們是新中國民族語言文字研究和工作的生力軍和主力。如今很多卓有成就的民族語言學家都是中國二十世紀五六〇年代培養的，他們深入全國少數民族地區進行大量的語言資源調查研究工作，為後來的少數民族語言資源大調查打下了堅實的基礎。

從新中國成立到一九五五年，少數民族語言資源的調查研究主要是摸情況、搞試點、取經驗的階段。到一九五五年底，已經大致摸清了全國少數民族語言資源的分布。在此基礎上，一九五六年，制訂了發展少數民族語言研究的十二年遠景規劃和五年計畫；確立了說明少數民族創制和改進文字的基本政策。為了普查少數民族語言資源，並說明少數民族創制和改進文字，一九五六年春，在中央民族學院舉辦少數民族語言調查訓練班，組織了共計七百多人的七個調查隊分赴全國十六個省和自治區對各少數民族地區進行語言資源調查，其規模在全世界絕無僅有，可謂史無前例。一九五六年十二月二十九日，在北京成立了專門從事少數民族語言文字研究的機構「中國科學院少數民族語言研究所」，該所充分利用新中國成立後通過持續不斷的調查而積累起來的大量的第一手少數民族語言資源進行少數民族語言研究，並為國家的民族政策提供決策依據。從一九五六年到二十世紀六〇年代初，少數民族語言文字工作者通過幾年持續的語言資源國情調查，基本上掌握了中國少數民族語言資源的分布及其特點。在此基礎上，從二十世紀六〇年代開始在《中國語文》以及二十世紀八〇年代開始在《民族語文》上發表反映一百多種少數民族語言資源基本情況的「民族語言概況」系列論文。從一九八〇年至一九八六年由民族出版社陸續出版了共五十九種描寫少數民族語言的簡志，這不僅是中國少數民族語言研究史上的一件大事，也是迄今為止最大規模的人類語言資源的普查工作。已出版的「中國少數民族語言簡志」叢書〔19〕以及很多當時調查的第一手民族語言資源為後來的民族語言研究奠定了良好的基礎。二〇〇九年，民族出版社出版了「中國少數民族語言簡志」叢書修訂本〔20〕，《中國少數民族語言簡志叢書》的修訂，旨在修改錯漏，增補新的研究成果，還增寫了《滿語簡志》〔21〕，併合訂為六卷本。

三、二十世紀八〇至九〇年代以來的民族語言資源調查

改革開放以來，中國少數民族語言的研究逐漸步入正軌，研究領域不

斷拓展，研究範圍不斷擴大。民族語言資源的收集和整理日益多樣化。

（一）新發現民族語言資源調查研究

一九七九年五月，全國民族研究規劃會議在昆明召開，會上提出了調查中國空白語言（指過去少數民族語言普查時尚未調查或調查不深入的民族語言資源）的任務，民族語文工作者結合語言識別工作深入調查，先後發現了一些新語言。一九九二年，中國社會科學院民族研究所（現稱民族學與人類學研究所）依託中國社會科學院重點專案和國家社會科學基金專案，組織全國語言學界的力量進行「中國新發現語言」調查研究，該研究成果作為《中國新發現語言研究叢書》先後由上海遠東出版社（8 種）、中央民族大學出版社（8 種）和民族出版社出版（31 種）出版，現已出版四十七種。[22]這套叢書由著名民族語言學家孫宏開先生主編，是保護和搶救中國多民族語言資源的代表性成果。該叢書收錄了中國民族語言研究者三十多年來進行的大量語言資源調查研究成果，其中多數為新發現語言，這些語言又大多瀕危，有的即將消亡。這套叢書為世界語言寶庫提供了新的珍貴資源，同時，還為中國制定新時期語言文化政策提供了扎實的語言國情依據。

（二）民族語言方言資源

中國多數民族語言，尤其是南方少數民族語言內部差異非常大，也是珍貴的語言文化資源。為了挖掘民族語言方言資源，二十世紀九〇年代中國少數民族語言方言研究被列入國家社會科學基金資助項目，一批方言研究專著即《中國少數民族語言方言研究叢書》陸續出版，該叢書由孫宏開主編，分別由四川民族出版社和民族出版社出版。該方言研究叢書分兩類：一類是對某種語言的方言進行全面描寫，比較各方言土語的異同，揭示該語言各方言土語的基本特點和演變脈絡，如《壯語方言研究》《普米語方言研究》《傣語方言研究（語音 詞彙 文字）》《瑤族布努語方言研究》《門巴語方言研究》《瑤族勉語方言研究》《佤語方言研究》《傣語方言研究（語法）》《傈僳語方言研究》等。另一類是以單刊形式，對某一語言有代表性的方言進行深入描寫研究，揭示其結構特點，如《麻窩羌語研究》《吉衛苗語研究》《瑪曲藏語研究》《喀喇沁蒙古語研究》《業隆拉塢戎語研究》《通道侗語研究》《江華勉語》等。[23]這些方言研究成果記錄和保存了較為豐富的民族語言資源。

（三）民族語言詞彙資源

民族語言詞彙資源呈現形式主要有詞典、詞彙集、詞彙學著作等出版物或者資料庫。民族語言詞彙資源的收集和記錄有悠久的歷史，在此僅羅列一些當代出版的詞彙資源。

1. 詞典

詞典編纂既是詞彙調查研究的重要內容，也是語言規範化和語言翻譯的基礎性工作，因此，一直受到民族語言研究者的重視。麻赫穆德·喀什噶里於一〇七二至一〇七四年編寫了著名的《突厥語大詞典》是中國乃至世界編纂時間最早、傳播範圍最廣的突厥語研究巨著。詞典分兩類，一類為已有書寫文字和歷史文獻的民族語言的規範性辭書，如新疆人民出版社辭書編輯組一九六三年編的《漢維簡明詞典》、內蒙古大學蒙古語文研究室一九七七年編的《蒙漢詞典》、北京大學東語系朝鮮語教研室一九七八年編的《朝漢詞典》、新疆大學中文系一九八二年編的《維漢詞典》。另一類為兼具描寫性和規範性的詞典，包括嶽相昆、戴慶廈等一九八一和一九八三年編的《漢景詞典》和《景漢詞典》，顏其香、周植志等一九八一年編的《佤漢簡明詞典》。第三類詞典是雙語大部頭詞典，如張怡蓀一九八五年主編的《藏漢大辭典》、二〇〇六年主編的《維漢大詞典》、二〇〇八年主編的《彝漢大詞典》、二〇一四年主編的《佤漢大詞典》等。一九九二年以來，中國社會科學院民族研究所主編的「中國少數民族語言系列詞典叢書」就包括《黎漢詞典》《漢苗詞典》《白漢詞典》《臨高漢詞典》《漢載詞典》《漢嘉戎詞典》《瑤漢詞典（布努語）》等二十餘種。[24]

2. 詞彙集

二十世紀八〇年代至九〇年代，中國出版了各語族的詞彙集，包括中央民族學院苗瑤語研究室一九八七年編寫的《苗瑤語方言詞彙集》、壯侗語研究室一九八五年編寫的《壯侗語族語言詞彙集》、中國社會科學院民族研究一九九〇年所編的《中國突厥語族語言詞彙集》，該詞彙集包括維吾爾族、哈薩克族、柯爾克孜族、烏孜別克族、塔塔爾、圖瓦、撒拉和西部裕固八種突厥語的四千個常用詞，是從事語言比較研究的基本資料[1]。中國社會科學院民族研究所編寫了《藏緬語語音和詞彙》[2]。除此之外，黃布凡一九九二年主編了《藏緬語族語言詞彙》等。這些詞彙集在詞彙、

1 來自於中國社會科學院民族研究所的《中國突厥語族語言詞彙集》一書。

2 來自於中國社會科學院民族研究所的《藏緬語語音和詞彙》一書。

語義以及比較方言詞彙上有比較重要的參考價值。

3. 詞彙學研究著作

中國少數民族語言詞彙學研究起步很晚，其成果也是屈指可數，目前只有戴慶廈和徐悉艱一九九五年所著的《景頗語詞彙學》、嶺福祥一九九八年主編的《彝語詞彙學》、成燕燕二〇〇〇年所著的《現代哈薩克語詞彙學研究》、李澤然二〇一三年著的《哈尼語詞彙學》等。這些少數民族語言詞彙學研究著作為今後研究其他民族語言的詞彙學奠定了較好的基礎。

四、二十一世紀的民族語言資源調查

二十世紀末以來，隨著電腦技術的快速發展和數位媒體的出現，語言資源的數位化處理，使語言資源的永久保存和全球傳播成為可能和現實。西方發達國家積極支援自己國家語言資源的調查與保護，中國也越來越重視搶救和保護珍貴的民族語言資源。

（一）中國語言資源全貌

自二十世紀五〇年代起，中國開展了全國性的少數民族語言資源普查工作，積累了大量的民族語言資源資訊。為了介紹中國語言資源的現狀和分布情況，商務印書館二〇〇七年出版了由孫宏開、胡增益、黃行主編的大型國情學術專著《中國的語言》。該書是凝聚了幾代語言學家勞動和智慧的結晶，反映了中國語言資源的概貌和基本特點。《中國的語言》全書約三六〇萬字，全書分概論、漢藏語系、阿勒泰語系、南島語、南亞語、印歐語、混合語等七編，收錄了一二九種分布在中國境內的語言，每種語言配有五百字左右的英文提要。在該書的一二九種語言中，有些語言已經瀕危或正在走向瀕危，個別語言在調查研究資料公布之際，已經完全失去交際功能，成為少數老人記憶裡的語言，已經進入休眠狀態。《中國的語言》的出版，為讀者了解中國語言資源的多樣性和複雜性提供了一個重要的視窗。

（二）民族語言資源使用活力

戴慶廈先生主編的「新時期中國少數民族語言使用情況研究叢書」是中央民族大學「985 工程」創新基地組成的多個課題組基於廣泛的語言資源使用情況田野調查，實地收集第一手材料，隨後編寫反映某一民族語言、某一地區語言使用個案的調查研究彙集而成。從二〇〇七年開始由商務印書館出版，到二〇一五年已經出版二十多本。該套叢書呈現中國少數民族語言特別是像基諾族、阿昌族、哈尼族、彝族、拉祜族、白族等少數民族的語言進入新時期後的使用情況，並探索其演變規律。這套叢書的出版對了解和認識當前中國少數民族語言的使用狀況及其變化有重要參考價值，也為語言學、民族學、社會學等學科的研究提供了最新的鮮活的資料，還可作為制定民族語文政策、科學地開展民族語文工作的參考材料。同時，也是中國語言國情調查的一個重要組成部分〔25〕。這套叢書是我們了解民族語言資源的使用活力的重要參考資料。

（三）國家及其部委支援的語言資源調查

二十一世紀以來，運用多媒體技術手段進行語言的搶救和保護成為國內外的熱門技術。近年來，國內學術界在民族語言的記錄和研究方面大力應用數位技術，相關軟體得到開發和應用，為少數民族語言，特別是瀕危語言的全方位記錄奠定了技術基礎。

二○○一年，國家民族事務委員會、中國社會科學院和聯合國教科文組織三方曾合作設立「中國瀕危少數民族語言調查研究」專案，也資助過三四個課題，遺憾的是該項工作沒有能夠堅持下去。二○○八年十月十三日，為全面掌握語言國情，加快語言文字資訊化建設，搶救、保存瀕危的語言及方言並向社會提供服務，國家語委啟動「中國語言資源有聲資料庫」建設工程，這是中國國家層面記錄與保護方言和少數民族語言文化之重大舉措。自二○一二年以來，國家社科基金規劃辦也逐年加大力度，積極支援瀕危語言文字和漢語與少數民族語言有聲資源庫建設，現已資助國家社科基金一般專案三項、國家社會科學基金重點項目八項、國家社會科學基金重大招標項目二十項左右。

二○○九年至二○一四年，中國社會科學院在重點學科建設工程中，把民族學與人類學研究所的「記錄語言學與描寫語言學」作為重點學科給予扶持，該所南方語言研究室的李雲兵和筆者負責「記錄語言學」學科。當時選擇使用人口較多的苗語川黔滇方言貴州畢節市「大南山苗語」和目前保留較好的「黑水紮窩羌語」作為對象進行全方位記錄，二○一○年和二○一一年課題組成員分別赴四川省黑水縣紮窩鄉朱壩村和貴州省畢節市大南山村進行了為期一個多月的「黑水紮窩羌語」和「大南山苗語」多媒體記錄。二○一二年中國社會科學院啟動創新工程項目，二○一三年中國社科院民族學與人類學研究所創新工程項目「中國少數民族語言有聲資料庫創建」立項，該課題利用多媒體記錄了貴州苗語、白語、黑虎羌語、呂蘇語、水語和納西語等六種語言。

（四）語言資源保護工程

為了更好地搶救和保護中國語言資源，傳承和弘揚中華優秀傳統文化，為國家建設和發展戰略提供服務，落實《國家中長期語言文字事業改革和發展規劃綱要（2012-2020 年）》的任務要求，教育部、國家語委自二〇一五年起啟動中國語言資源保護工程，在全國範圍開展以語言資源調查、保存、展示和開發利用等為核心的各項工作。

語言資源保護工程是對原有中國語言資源有聲資料庫建設的進一步擴充、整合，其目的是利用現代化技術手段，記錄和收集漢語方言、少數民族語言和口頭語言文化的動態語料，通過科學整理和數位化處理，建成大規模、可持續增長的多媒體語言資源庫，並開展語言資源保護研究工作，形成系統的基礎性成果，進而推進深度開發應用，全面提升中國語言資源保護和利用水準，為傳承中華優秀傳統文化、促進民族團結、維護國家安全服務。[1]二〇一五年，語言資源保護工程在全國範圍內共開展八十一個少數民族語言調查點（含瀕危語言 20 個）的調查工作。二〇一五年課題現已入庫，二〇一六年少數民族語言八十九個課題已經立項，並著手赴實地採集語料。

1 中國語言資源保護工程管理辦法（教語信〔2015〕2 號）。http：//www.moe.edu.cn/publicfiles/business/htmlfiles/moe/s7067/201506/188584.html.

五、展望

自新中國成立以來，中國少數民族語言資源調查經歷了從早期的紙筆記錄、卡片到盒式錄音，從錄音筆到今天的數位多媒體記錄的不同發展時期。中國語言資源的保存也經歷了從無到有、由少到多、由靜態到動態的存儲和保護過程。自二十一世紀以來，國家社會科學基金、中國社會科學院、教育部語言文字資訊管理司以及一些高校和地方機構大力資助少數民族語言資源的有聲資料庫建設，使少數民族語言資源的有聲資料庫建設得到蓬勃發展，促進了中國少數民族語言資源保護、開發與利用。中國語言資源調查要實地採集真實語音並建立真實話語及其轉寫文本，要依照統一規範，採集中國各少數民族語言及其方言的有聲資料，並進行科學的整理加工，長期保存，以便將來深入研究和有效地開發利用。

中國少數民族語言資源必將在資訊化社會中對國家資訊安全提供積極的觀照作用，而中國各民族語言資源也將會在資訊化社會中快速發展並為維護國家資訊安全提供語音技術的支援，對國家語言主權、國家語言能力、語言認同、語言資訊化、語言生活、民族地區雙語教育以及國內穩定、邊海防維權、國家利益拓展、軍事等涉及語言問題的解決，提供數位化多媒體的支援。

自二十世紀五〇年代至今，中國語言學者已經收集、記錄了非常多的少數民族語言資源，但至今分散各地。資源分散，不利於資源的保存、開發與利用。我們認為應該組建相關機構派出一定人力，拿出一定的財力，盡一切可能收集中國已有的少數民族語言資源，組建中國少數民族語言資源資訊中心。在中國語言資源保護工程立項課題的基礎上，進一步對有條件的語言或方言進行更為深入的多層次、多方位、全面的記錄，使中國少數民族語言資源得到保護與傳承。

參考文獻

〔1〕邱質樸.試論語言資源的開發：兼論漢語面向世界問題〔J〕.語言教學與研究，1981（3）.

〔2〕張普.論國家語言資源〔M〕//第十一屆全國民族語言文字資訊學術研討會論文集.2007.

〔3〕陳章太.論語言資源〔J〕.語言文字應用，2008（1）.

〔4〕江藍生.語言國情調查的價值和意義〔J〕.語言科學，2006（1）.

〔5〕達・巴特爾.論語言資源保護〔J〕.內蒙古社會科學（漢文版），2007（6）.

〔6〕李宇明.語言資源觀及中國語言普查〔J〕.鄭州大學學報（哲學社會科學版），2008（1）.

〔7〕徐大明.語言資源管理規劃及語言資源議題〔J〕.鄭州大學學報（哲學社會科學版），2008（1）.

〔8〕范俊軍，肖自輝.語言資源論綱〔J〕.南京社會科學，2008（4）.

〔9〕楊通銀.侗族語言資源和非物質文化遺產〔J〕.貴州民族研究，2009（1）.

〔10〕周有光.從語言資源化說開來〔J〕.群言 2010（6）.

〔11〕黃成龍.羌語方言土語多媒體資源庫〔M〕//張曦，黃成龍.地域棱鏡：藏羌彝走廊研究新視角.北京：學苑出版社，2015.

〔12〕孫宏開，等.中國的語言〔M〕.北京：商務印書館，2007.

〔13〕羅常培.從語言上論雲南的民族分類〔J〕.邊政公論，1942（1）.

〔14〕羅常培.論藏緬族的父子連名制〔J〕.邊疆人文，1944（3-4）.

〔15〕李方桂.龍州土語〔M〕.北京：商務印書館，1940.

〔16〕聞宥.民家語中同義學之研究〔J〕.華西協合大學中國文化研究所集刊，1940（1）.

〔17〕聞宥.摩些象形文之初步研究〔J〕.歷史語言研究所人類學集刊，1941（2）.

〔18〕聞宥.川西羌語之初步分析〔J〕.華西協合大學中國文化研究所集刊，1941（2）.

〔19〕中國少數民族語言簡志叢書編輯組.中國少數民族語言簡志叢書〔M〕.北京：民族出版社，1980-1986.

〔20〕孫巨集開.中國少數民族語言簡志叢書（修訂本）〔M〕.北京：民族出版社，2009.

〔21〕王慶豐.滿語簡志〔M〕.北京：民族出版社，2009.

〔22〕孫宏開.中國新發現語言研究叢書〔M〕.北京：民族出版社，2015.

〔23〕孫巨集開.中國少數民族語言方言研究叢書〔M〕.北京：民族出版社，1998-2014.

〔24〕中國社會科學院民族研究所.中國少數民族語言系列詞典叢書〔M〕.北京：民族出版社，1992-2008.

〔25〕戴慶廈.新時期中國少數民族語言使用情況研究叢書〔M〕.北京：商務印書館，2007-2015.

（原載於《黔南民族師範學院學報》2016年第5期）

再論貴州少數民族語言文化的保存、保護和發展

文靜

一、貴州少數民族傳統文化形態

貴州現有四十七個少數民族，其中苗族、布依族、侗族、土家族、彝族、仡佬族、水族、回族、白族、瑤族、壯族、畲族、毛南族、蒙古族、仡佬族、滿族、羌族等十七個民族為世居少數民族，苗族、布依族、侗族、仡佬族、水族人口分別占全國同一民族總人數的百分之五十到百分之九十八，少數民族人口比重居全國第三位。[1]貴州長期處於相對封閉的狀態，同時也是古百越族系、百濮族系、氐羌族系、苗瑤族系等四大族系的分布連接點，民族歷史悠久，文化源遠流長，原生態文化系統保存完整，各民族原生文化種類繁多，特色鮮明，意蘊深厚。其傳統文化形態可分為以下三大類。

（一）物質文化

貴州少數民族特有的物質文化包括：特色建築，如苗族、布依族、水族、瑤族等民族的「吊腳樓」，布依族的「石板房」，侗族的「鼓樓」「風雨橋」；特色飲食，如苗族、布依族、侗族的「花米飯」，苗族、瑤族的「酸湯菜系」，水族的「韭菜包魚」，侗族的「油茶」，土家族的「血豆腐」；特色服飾，如苗族的「銀飾」「百鳥衣」；特色醫藥，如「苗藥」「侗

藥」「瑤藥」；特色工藝，如苗族的「蠟染」「挑花」，水族的「馬尾繡」等。

（二）制度文化

貴州少數民族婚喪民俗、節慶民俗、禮儀民俗及娛樂競技等形式多樣，內涵豐富。婚喪，如苗族、瑤族的「岩洞葬」，苗族的「樹葬」，布依族的「石棺葬」「甕棺葬」，瑤族的「厝葬」，仡佬族的「倒埋墳」「豎葬墳」，瑤族的「談婚房」「談婚洞」，布依族、苗族、水族、瑤族的「浪哨」「趕表」「搶婚」「填房」；節慶，如苗族的「吃新節」「牯髒節」，布依族的「雅蟈節」，侗族的「抬官人」「吃細魚」，水族的「端節」「卯節」，瑤族的「盤王節」，毛南族、彝族的「火把節」；禮俗，如苗族的女兒繼承制、幼子繼承制，布依族、苗族、水族的「議榔制」，瑤族的「寨老制」「石牌制」；娛樂競技，如苗族、水族、布依族、瑤族都喜愛「蘆笙舞」「銅鼓」，苗族有「鬥牛」「苗拳」「飛歌」「反排木鼓舞」「上刀梯」，水族有「賽馬」，布依族有「姐妹簫」「牛骨胡琴」「花燈戲」，侗族有「侗族大歌」，毛南族有「猴鼓舞」，瑤族有「打獵舞」。

（三）精神文化

長期以來，貴州少數民族經濟文化一直比較落後，缺醫少藥，因而普遍相信鬼神，中老年人尤甚。如苗族信奉的鬼神很多，一般人能叫出名字的鬼神至少有十幾種，鬼師們能叫出名字的鬼神就更多，諸如土地菩薩、家神、膳神（用雞或鴨來敬祭）、雷神（包括用豬頭祭的雷神、用小黃牛祭的雷神、用小水牛祭的雷神）、火鬼，釀鬼、井水鬼、肚痛鬼、老虎鬼、石頭鬼、樹鬼等；水族信仰的鬼神有七八百個之多，被相鄰的布依族、侗族、苗族、漢族稱為「水家鬼多」；布依族相信天上有山神、石神、樹神、門神、灶神，地上有無長鬼、倒路鬼、擺子鬼；布依族、苗族、水族、瑤族等少數民族還保留著「姑表親」「還娘頭」「背帶親」「坐家」「搶婚」「填房」等習俗。語言習慣上，如布依語、苗語中對祖父與外祖父，祖母與外祖母，哥哥、姐夫、表兄與表弟，姐姐、嫂嫂與表姐，妹妹與表妹，舅母與姨母等六組親屬大多稱謂相同，遺存了歷史上從母居的社會生活形態。貴州少數民族也通過世代口耳相傳，創造出輝煌燦爛的民間文學，如苗族的《古歌》，侗族的《大歌》，瑤族的《盤王大歌》，彝族的古籍文獻，水族的水書等。

二、貴州少數民族傳統文化傳承形式

貴州少數民族的文化傳承形式大致有兩種：一種是以物質文化形態傳承，如建築、飲食、服飾、特產、田園、生產交通工具、民間百樂舞蹈、傳統與民間表演藝術、民間手工技藝等；另一種更重要的文化傳承形式就是語言文化。

語言文化是指一個民族的語言中具有文化承載功能的特徵詞、民俗語詞、人名地名和口頭文學（故事、歌謠、傳說、詩歌）。語言是構成民族的最基本、最明顯的特徵。語言是文化的重要組成部分，是一種特殊的文化現象。語言對文化的作用主要表現為：語言記錄和保存文化，語言反映文化，語言傳播文化，語言制約文化。可以說，語言是一個民族社會文化的「活化石」，沉澱了大量的歷史文化資訊。一個社會的世俗文化、歷史文化的方方面面都會反映在語言上，形成當地特有的語言現象。反之，通過這些語言現象也能透視當地民俗文化。[2] 如貴州省都匀市王司鎮苗族的銀頭飾，每一種造型都寓意深刻。其中一種為「雙鸞蘭花」造型，蘭花代表美好的生活環境，兩隻鳥代表兩個苗族支系，鳥名是部落首領的名稱，用以代指首領。「雙鸞蘭花」曾是「三苗時代」生活在黃河下游一帶苗族的族徽，清代以前男女都戴，清代以後只是女人戴。[1]這樣，根據銀匠打制銀器的規定和相關民間傳說，可推知苗族某一歷史階段的社會生活。又如在貴州省貴定縣谷撒苗語的親屬稱謂中，五組親屬稱謂：祖父、外祖父、舅公、公公（丈夫之父）、岳父；祖母、外祖母、岳母；母親、嬸嬸、伯母；表哥、姐夫；女兒、侄女、外甥女用詞相同，呈現外親內親不分的特點，在語言中留存著較為明顯的苗族原始社會群婚制的文化特徵。[2]再如黔東南和黔南的各支苗族都有自己的古歌，用來口頭唱述苗族重大社會歷史事件：開天闢地、人類起源、民族遷徙、社會制度。在各支苗族的古歌唱詞中，遷徙的路線和地名都有不同，故而研究者可由此探知苗族的族源。

貴州世居少數民族大都沒有傳統文字，只靠口耳相授來世代相傳其社會歷史文化。因此，語言文化成為各少數民族文化最主要的載體。一旦語言文化失傳，民族文化也面臨消失的困境。

---

1 根據筆者 2009 年 9 月在貴州省都匀市調查所得。調查對象：陳朝魁，男，1932 年生，貴州省都匀市民委退休幹部。

2 語料取自 2009 年曹志耘教授、文靜、栗華益、賈坤、張勇生調查貴定谷撒苗語語音材料。

三、貴州少數民族語言文化的保存、保護與發展

（一）貴州少數民族語言文化生態

文化生態是人類在社會歷史實踐中創造的物質財富和精神財富所顯露的美好姿態或生動意態，以及其生存的狀況和環境。文化生態具有不可再生性，語言文化生態亦然。在現代化、城鎮化建設進程中，貴州少數民族語言文化呈現出兩種弱化生存狀態：一是逐漸消失的語言文化。如許多少數民族，尤其是在交通便利的民族村寨，少數民族日常著裝逐漸改用輕薄簡便的漢式服飾；房屋建築開始捨棄傳統木榫結構，採用經濟實惠的磚混結構；一些莊重、神秘，並有著一套嚴格程式的民族節日活動，如「牯髒節」「龍舟節」，已經簡化甚至消失；一些古歌、故事、歌謠、傳說等口碑文學隨著樂師、巫師的去世，慢慢失傳；能熟練使用本民族語言的年輕人越來越少；年輕人不再通過「跳蘆笙」「游方」「談婚洞」等傳統方式戀愛結婚。據調查，貴陽市郊的布依族母語已處於瀕危狀態，掌握母語的人群老齡化，母語傳承斷代問題突出。〔3〕在苗族人口達到百分之九十七的貴州省台江縣，三十五歲以下的年輕人中，有百分之七十的男子不會吹蘆笙，百分之五十的女子不會挑花、刺繡；二〇〇二年黔東南苗族侗族自治州反排村舉行鼓社祭祖活動，竟找不出一個通曉完整祭祖儀式的鼓頭。〔4〕二是外部植入的語言文化。如現今貴州黔南地區許多苗族、布依族、瑤族、毛南族等少數民族的「過年」實際上來源於漢族傳統節日「春節」；苗族、布依族、毛南族等少數民族服飾加入了許多漢族或其他民族的元素；如貴州三都地區的一些苗族民間傳唱故事中有「梁山伯與祝英台」等漢族故事內容。

貴州少數民族語言文化生態極其脆弱，有些甚至瀕臨滅絕。對處於弱勢和瀕危狀態的語言文化進行搶救性調查和保存，顯得尤其重要和緊迫。這一現象早已引起社會各界的廣泛重視，政府及學界曾努力通過多種方式和管道來搶救和保存即將消失的語言文化資源，如開展瀕危語言搶救性調查研究、非物質文化遺產申報、「中國民族民間文化保護工程」，新建民俗旅遊村、民族生態博物館，進行民族語言文化教育活動，開設民俗文化網站等，也取得一定成效。但我們也看到仍存在諸多問題：一是少數民族語言文化的保存、保護和發展概念界定不清；二是重保存，輕保護和發展；三是少數民族語言文化研究未能破解點與面的難題，民族語言文化研究成果轉化不能滿足現實發展需求；四是民族地區語言文化資源的開發利用，缺乏科學研究支撐和科學規範管理，語言文化研究成果轉化不足，「偽民俗」現象亂生，少數民族沒有得到更多的實惠；五是少數民族語言文化教育仍處於零散、低層次的運轉狀態。人類在進步，社會要發展，這是歷史規律。在人類文明的進程中，原始落後的文明必然會受到現代文明的衝擊，或同化，或消失，或創新發展。我們認為文化具有生態性。在自然狀況下生存下來的原生態文化，是民族民間文化與民族鄉土環境、人文歷史、民俗習慣融為一體的文化，具有真正的活力。從建設民族傳統文化的生態文明的角度，應當正確處理民族語言文化的保存、保護與發展之間的關係。

（二）少數民族語言文化的保存

少數民族語言文化的保存是指對已經無法保持、延續或恢復活力的傳統語言文化，通過完整、科學的調查，記錄其實際面貌，並進行長期、有效的保存和展示。其對象是現今已不能適應現代社會的物質文化形式、制度文化形式、精神文化形式，如搶婚、填房、岩洞葬、古語詞等。

少數民族語言文化的保存要求記錄和展示過程具有專業性和科學性。因此，應該建立以高校和研究機構為核心，民族本體協作參與，政府和社會團體給予支持的保存體系（見圖 1）。高校和研究機構是高層次人才密集地，可以採用更為科學、規範和有效的手段記錄、保存和展示優秀的民族語言文化傳統。民族語言文化作為調查對象，政府和社會團體給予政策和物力支持。

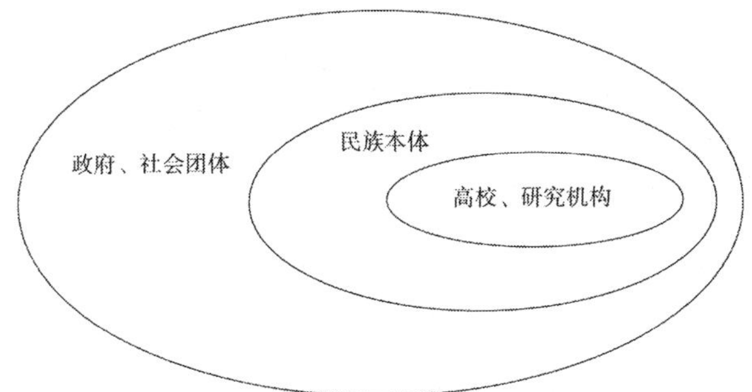

圖 1　少數民族語言文化保存體系圖少數民族語言文化保存主要有以下形式。

1. 語言記錄保存

目前已開展的重大專案有中國瀕危語言資料記錄、中國瀕危語言方言調查研究與新編《中國語言地圖集》、漢語方言地圖集、中國少數民族瀕危語言語音資料庫、中國瀕危語言個案對比研究、西南地區瀕危語言調查研究等。

2. 音像記錄保存

現有中國語言資源保護工程，包括漢語方言調查、少數民族語言調查、語言文化調查、瀕危語言調查、採錄展示平臺建設，採用聲像資料、文字記錄、圖片資料等多種現代方式保存。中國語言資源有聲資料庫，分為漢語方言、少數民族語言、地方普通話等三大分庫，包括文本、聲音、圖像三種形態。

3. 語言文化博物館

河南安陽的中國語言文字博物館，是目前全球唯一以文字為主題的博物館，以漢字的起源、發展和演變歷程為主線，從獨特的視角展示漢字的文化內涵及其歷史記憶。二〇一六年，賀州學院新建全國首家專業實體語言博物館，用現代科學手段記錄並形象展示方言和少數民族語言，留住一方鄉音、一方鄉愁。二〇一六年七月，北京語言大學語言資源高精尖創新中心成立，並將在此基礎上建設語言文化博物館和語言資源庫。現代科學技術深入推進，將必然促進語言文化保存的科學化和多功能性。

（三）少數民族語言文化的保護

少數民族語言文化的保護是指對能夠延續或恢復活力的傳統語言文化，採取各種有效的政策、措施和手段，保持其活力，使其得以持續生存和發展，尤其是避免弱勢和瀕危民族文化衰亡。其對象是尚能適應現代社會的物質文化形式、制度文化形式、精神文化形式。

少數民族語言文化的保護針對的是「活」著的語言文化，需要借助更大範圍的財力、物力和人力完成，因而應該建立以政府為核心，高校和科研機構提供智力保障、民族本體為對象的保護體系（見圖 2）。此體系通過建立以高校和科研機構的研究成果轉化為基礎，以政府和社會團體的政策、財力投入為支撐，以民族本體的需求為導向的迴圈結構，推動少數民族語言文化良性健康發展。

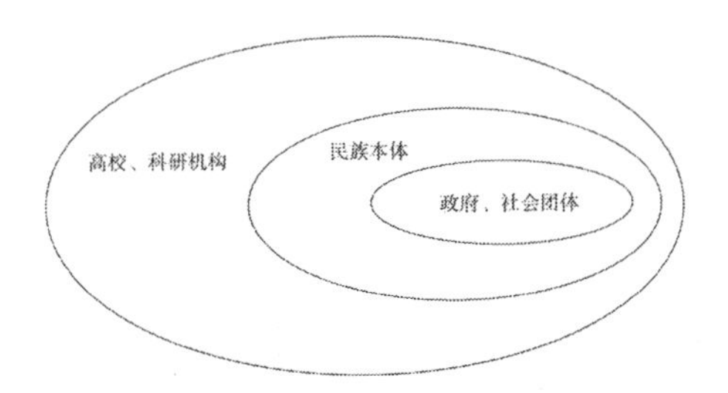

圖 2　少數民族語言文化保護體系圖少數民族語言文化的保護途徑如下。

1. 國家政策扶持

尊重少數民族風俗及語言習慣、保護少數民族文化遺產、繁榮少數民族文化藝術事業、發展少數民族傳統醫藥、發展少數民族傳統體育運動等。如已制定的《中華人民共和國非物質文化遺產保護法》《國務院關於進一步繁榮發展少數民族文化事業的若干意見》《國家「十二五」少數民族語言文字出版規劃》《「全國生態文化村」遴選命名管理辦法》《中華人民共和國國家通用語言文字法》等。

2. 建立健全組織機構

二〇一五年，財政部、教育部、語委聯合啟動中國語言資源保護工程，成立中國語言資源保護研究中心，在全國範圍內開展中國語言資源保護工程項目。國家成立了全國少數民族古籍整理出版規劃小組和辦公室，負責全國少數民族古籍整理工作。全國二十五個省、自治區、直轄市，一三〇個自治州、地、盟建立了民族古籍整理與研究機構，同時，在民族院校設立古籍整理與研究機構。

3. 人才培養

中央民族大學、西南民族大學、西北民族大學、貴州民族大學等十二所民族院校及部分高校都開設有少數民族語言、民族學專業，為少數民族語言文化教育和研究儲備人才。

4. 建立生態博物館

生態博物館是指以村寨社區為單位，建立「活體博物館」。它是以保護和保存文化遺產的真實性、完整性和原生性為建設原則。生態博物館的概念最早於一九七一年由法國人弗朗索瓦・于貝爾和喬治・亨利・里維埃提出。目前，全世界已發展到三百多座，中國已有十六個生態博物館。主要有貴州四個：梭嘎苗族生態博物館、鎮山布依族生態博物館、隆里古城漢族生態博物館、堂安侗族生態博物館。廣西十個：南丹里湖白褲瑤生態博物館、三江侗族生態博物館、靖西舊州壯族生態博物館、賀州客家圍屋生態博物館、長崗嶺商道古村生態博物館、融水安太苗族生態博物館、那坡達文黑衣壯生態博物館、金秀坳瑤生態博物館、龍勝龍脊壯族生態博物館、東興京族生態博物館。雲南一個：雲南西雙版納布朗族生態博物館。內蒙古一個：敖倫蘇木蒙古族生態博物館。

5. 建設生態文化村

生態文化村以生態環境良好、生態文化繁榮、生態產業興旺、人與自然和諧作為鄉村建設標準。目前，全國首批命名了貴州省黔南州貴定縣盤江鎮音寨村、北京市懷柔區橋梓鎮北宅村、雲南省紅河州彌勒縣西三鎮可邑村、西藏自治區吉隆縣吉隆鎮熱瑪村、內蒙古自治區赤峰市林西縣新城子鎮七合堂村等二十六個「全國生態文化村」。

（四）少數民族語言文化的發展

少數民族語言文化的發展是指對具有活力的傳統語言文化，通過改革、創新，注入新的要素，建設適應新時代的民族原生態文化環境，保持民族語言文化強勁活力，使其得以持續生存和發展。

民族傳統語言文化的發展要尊重少數民族的習俗，適應其發展規律。高校及科研機構、政府和社會團體應該根據少數民族自身發展的需求，給予充分的支持和幫助，不可強加外力或壓制打擊。因此，可建立以民族本體為核心，高校及科研機構、政府和社會團體為支撐的發展體系（見圖3）。高校和科研機構對少數民族語言文化發展進行科學指導和智力支持，幫助少數民族傳承和發展優良文化基因，創新發展適應現代社會的語言文化生態，政府和社會團體積極參與，給予扶持。

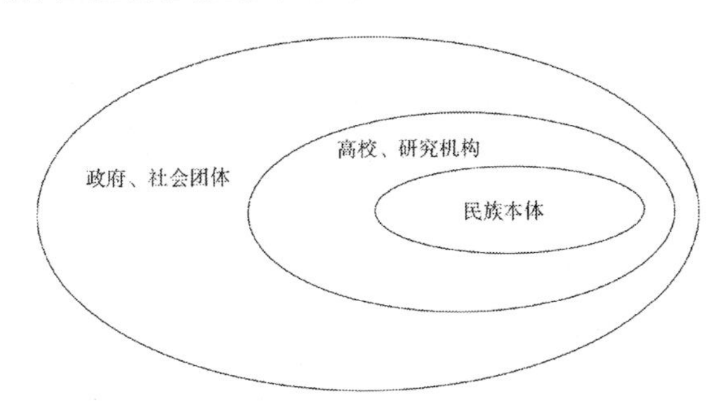

圖3　少數民族語言文化發展體系圖

少數民族語言文化的發展途徑主要有兩個：一是源自民族內部的傳統語言文化創新，各少數民族地區隨著社會經濟文化的發展，物質生活條件改善，文化生活水準提高，會自覺地對傳統文化的內容和形式進行改革，這樣的變化也會在語言上有所體現。如苗語借詞的產生、新語詞的出現，傳統節慶儀式的調整和簡化都反映出這一發展軌跡；二是源自外來文化影響的傳統語言文化創新，如少數民族自覺接受的雙語生活及雙語和諧，少數民族逐步認同漢民族的服飾、飲食習慣，民族節日融入其他民族的文化內涵等。再如貴州民族村寨的文化旅遊發展，受到旅遊文化影響，傳統語言文化在內容和形式上都會發生一些新的變革和演化，一些語言文化出現旅遊程式化，如民族儀式和口頭文學展演者就具備這樣的特徵。

四、結語

少數民族語言文化的保存、保護和發展是一個需調動全社會力量共同完成的系統工程，研究、教育、規劃、實施、評估不可偏廢，應建立以少數民族本體需求為主導，政府、研究機構、社會力量共同參與的立體系統，才可能真正實現少數民族語言文化資源保存、保護和發展的目標。其關鍵在於轉變觀念、深化認識，加強教育。因此，應重視對少數民族語言文化資源保護教育專案的建設。通過制定統一的少數民族語言文化資源保護教育培養目標及教育體系，建立「語言資源保護教育」體系，整合政府、高校及科研單位、社會等各方面力量，建立少數民族語言文化資源保護教育培訓體系。其意義和價值表現在：可以提高全社會的語言文化資源保護意識；可以提高全社會對語言文化資源保護的能力水準；可以轉化語言資源保存和保護研究成果，促進少數民族地區經濟社會發展，讓少數民族在語言文化資源保護中得到科學的指導，獲得真正的實惠。

參考文獻

〔1〕貴州省地方志編纂委員會.貴州省志・民族志〔M〕.貴陽：貴州民族出版社，2002.

〔2〕文靜.論民族地區語言文化的保存和利用〔J〕.前沿，2010（24）.

〔3〕吳峰.貴陽市郊布依族語言瀕危現象研究——以白雲區牛場布依族鄉為個案〔D〕.北京：中央民族大學，2009.

〔4〕吳一文.台江苗族文化多樣性保護與世界遺產申報〔M〕//貴州省中華文化研究會.全球化背景下的貴州民族民間文化.貴陽：貴州民族出版社，2006.

（原載於《黔南民族師範學院學報》2016 年第 5 期）

少數民族語言的本體與使用

論苗瑤族群的語言資源及其保存保護問題

李雲兵

一、關於語言資源

語言是社會現象、思維的物質外殼和交際工具，說明的是語言的社會屬性、本體屬性和功能屬性。但是，對語言是不是資源的問題，B.Jernudd 和 J.Das Gupta 認為：「語言是一種社會資源，而且使用一種語言的成本和獲益可以用衡量一般資源或商品的投入與收益的方法進行測定。」[1] 邱質樸認為，「語言是資源，即語言資源，語言資源是在社會對語言大範圍大規模需求的背景下形成的，之所以如此是因為在現當代社會，語言既是創造物質財富，同時又是創造精神財富的基礎。」[2] N.Rider 和 S.Pons Ridler 認為，「語言可像其他資源或商品一樣進行投資或買賣。」[3] 總的來說，語言不僅是資源，而且具有經濟價值。由於語言資源概念的提出和國家現實的需要，一些知名學者對中國的語言資源的概念、內涵、外延集中進行了討論並發表了各自的研究成果，如陳章太[4][5]、王鐵琨[6][7]、李宇明[8][9][10][11][12][13][14][15]、徐大明[16]、范俊軍[17]、王世凱[18][19]、林有苗[20]、毛力群[21]、陳麗君[22]等，因此語言是一種資源的觀點已經為學術界越來越多的學者所認同，語言資源研究也漸漸成為學術界關注的熱點。語言資源觀的確立，不但拓展了語言學的研究領域，更重要的是，凸顯了語言在社會發展中的重要地位，同時，使語言學的研究從以理論研究為主轉為理論研究與應用研究並重，而且提升到國家層面和宏觀戰略的高度來關注中國的語言資源，對語言資源的保存、保護、開發、利用有重要的意義。

二、苗瑤族群的語言資源

苗瑤族群是由苗族、瑤族、畲族組成的，分布在中國的中南、華南、西南地區以及中南半島、歐洲、美洲、澳洲。中國境內苗瑤族群使用九種苗瑤語族語言、二種侗臺語族語言和八種漢語方言。苗瑤族群使用的苗瑤語族語言為苗語、瑤語、布努語、巴哼語、唔奈語、優諾語、炯奈語、垻那語、畲語。其中，苗語、瑤語、巴哼語為跨境語言。苗瑤族群使用的侗臺語族語言為侗語、拉珈語，苗族、瑤族用的侗語為侗語南部方言變體。苗瑤族群使用的漢語方言為西南官話、酸湯苗話、喇叭苗話、青衣苗平話、紅瑤平話、平地瑤話、瑤族梧州話和畲話。其中，酸湯苗話、喇叭苗話為老湘語變體，青衣苗話、紅瑤平話為平話變體，青衣苗話分綏寧、城步、龍勝、資源青衣苗片，瑤族梧州話為梧州話變體。

三、苗瑤族群語言資源的現狀

苗瑤族群語言資源的使用人口中，苗語使用者約有八百萬人，瑤語約有一百人，布努語約有四十萬人，巴哼語約有四萬人，唔奈語約有二萬人，優諾語約有五千人，炯奈語約有二千一百人，壩那語約有二千四百人，畲語約有一千人。侗臺語族侗語苗瑤族群約有五萬人，茶山瑤拉珈語約有一萬一千人，苗瑤西南官話約有一百萬人，酸湯苗話約有十二萬人，喇叭苗話約有八萬人，青衣苗平話約有十二萬人，紅瑤平話約有一萬人，平地瑤話約有二十萬人，瑤族梧州話約有十萬人，畬話約有七十一萬人。

在苗瑤族群的語言資源中，苗語、瑤語、布努語屬活力較強的強勢語言資源，巴哼語、唔奈語為語言活力較弱的弱勢語言資源，優諾語、炯奈語、埧那語、畬語為語言活力缺乏、處於瀕危狀態的超弱勢語言資源。苗瑤族群中，漢語既是苗瑤族群特殊的語言資源，也是漢語的特殊語言資源。相對而言，苗瑤族群西南官話、畬族畬話是活力較強的強勢語言資源，酸湯苗話、喇叭苗話、青衣苗平話、紅瑤平話、平地瑤話、瑤族梧州話是活力較弱的弱勢語言。苗瑤族群苗瑤侗語、拉珈語也是活力較弱的弱勢語言。然而，相對於漢語而言，苗瑤族群漢語屬瀕危漢語方言或瀕危語言，相對於侗臺語族的強勢語言而言，苗瑤族群侗臺語也屬瀕危方言或瀕危語言。

四、苗瑤族群語言資源的保存

語言保存是指通過全面細緻科學的調查，把語言、方言的實際面貌記錄下來，並進行長期、有效的保存和展示。語言保存的具體工作應主要由學術界來承擔，特別是語言研究者負有把語言、方言的實際面貌記錄下來的責任和義務。

（一）傳統語言學方法

一九五二年至一九五九年，中國科學院中國少數民族語言調查第二工作隊對中國中南、西南、華南地區一二〇多個縣的苗瑤族群語言資源進行過普遍調查，涉及苗語、瑤語、布努語、巴哼語、唔奈語、優諾語、埧那語、炯奈語、畲語、拉珈語、侗語及酸湯苗話、青衣苗平話、紅瑤平話、平地瑤話、畲話。其中，酸湯苗話、青衣苗平話的調查材料無所遺存，其他語言或方言的調查材料有或多或少地有所保存。一九八三年，毛宗武、蒙朝吉對惠東的畲語重新進行調查，陳其光對增城的畲語做了調查。一九九三年至一九九六年，李雲兵對黔中南的一些地區苗語進行了補充調查。一九九三年至一九九七年，毛宗武、李雲兵對巴哼語、優諾語、炯奈語重新進行了調查。二〇〇六年，李雲兵對埧那語、唔奈語進行了重新調查。二〇〇一年至二〇〇四年，楊再彪對鄂西、湘西的苗語做了一些新的調查。二〇〇四年至二〇〇七年，日本學者田口善久對黔中羅泊河的苗語進行了調查，也調查了埧那語。二〇〇七年，日本學者中西裕樹、中國香港學者郭必之對海豐的畲語進行了調查。從一九五三年至二〇〇七年，學者們對苗瑤族群語言資源的調查採用的是傳統語言田野調查的方法，從有聲的語言資源轉換成無聲的符號系統，保留和保存了大量的、彌足珍貴的苗瑤族群語言資源，出版和發表了豐碩的研究成果，推動了苗瑤族群語言研究的發展，不斷拓展了苗瑤族群語言學科的研究範圍。但是，對苗瑤族群語言的記錄和研究的目的是為語言學而研究苗瑤族群語言，解決的是語言問題和語言權利問題。語言作為資源的理念還未形成觀念，囿於時代，現代科學技術極少用於苗瑤族群語言的調查，早期的調查者多採用磁帶收錄苗瑤族群語言的一些長篇語料，而且多數語料沒有轉寫，從而成了非母語者無法使用的有聲材料，隨著時間的推移，錄音帶無法再使用。

（二）記錄語言學方法

直到二〇一四年，隨著中國社會科學院重點學科建設的實施，記錄語言學的方法才應用到苗瑤族群語言的調查實踐中，採用現代科學技術手段記錄了苗語川黔滇方言川黔滇次方言苗文標準音點的大量語料，拍攝了大量的生產、生活場景和物質文化、非物質文化視頻。這不僅為語言的研究準備了豐富的材料，還為民族學、民俗學等的研究準備了豐富的材料，既可以進行語言學研究，也可以為語言資源保存服務。

近年來，北京語言大學為語言資源的保存做了大量的工作，推動了語言資源保存工程的建設。二〇一四年，教育部、國家語委啟動了「中國語言資源保護工程」。在首批的語言資源保存工作中，苗瑤族群的一些語言被列入工作日程，並擬在二〇一四年至二〇一五年完成相關工作，這是苗瑤族群語言資源保存的另一個新起點。當然，苗瑤族群的語言資源有十多種，還有很多工作要做。何況苗瑤族群語言複雜，方言、土語繁多，如果從「中國語言資源保護工程」的角度出發，苗瑤族群的語言資源僅就方言資源而言，需要保存的苗瑤語族的方言資源至少有二十一個點，如果就土語資源而言，需要保存的苗瑤語族的土語資源至少有四十四個點，這是一個相當繁重的工作，不僅要花諸多的人力、財力和物力，而且還要花相當多的時間。如果要建設一個較為全面的語言資源有聲資料庫，從而對苗瑤族群的苗瑤語資源進行保存，可以依託「中國語言資源保護工程」來逐步完成，避免苗瑤語族語言資源嚴重流失。苗瑤族群特殊漢語資源的保存也可以依託「中國語言資源保護工程」並列入相關區域的語言資源有聲資料庫進行保存，如畲話列入福建庫，青衣苗話列入湖南庫，紅瑤平話、平地瑤話、瑤族梧州話列入廣西庫，西南官話列入湖北庫、重慶庫，酸湯苗話、喇叭苗話列入貴州庫，而苗瑤族群侗語、拉珈語則列入侗臺語庫。但是，這些工作調查成本高，如果沒有持續的人力及物力投入，就很難反映語言資源的動態變化，語言工作者任重而道遠。

五、苗瑤族群語言資源的保護

（一）歷代的語言政策

苗瑤語族語言資源的現狀是歷史形成的。更早的歷史暫且不說，南北朝時期，畲族隨為躲避戰亂的客家人從中原南遷，逐漸放棄原先的畲語而轉用與客家話相近的畲話。歷代封建王朝無不對苗瑤族群進行排擠，限制其語言的使用，明朝尤為明顯。明朝政府對湘南桂北大藤峽區域的瑤民進行了大規模的征剿，善後時又採取強制同化政策，禁瑤服和瑤語，致使湘南桂北大批瑤民放棄母語轉用平地瑤話、梧州話。明朝政府對湘西苗民征剿後，實行民族隔閡政策，把苗民分為「生苗」和「熟苗」，「苗疆邊牆」是最好的證明，「熟苗」都轉用了漢語西南官話。明朝統治者還征剿了湘西南、桂西北毗鄰地帶的苗瑤族群並實行「改土歸流」政策，強制實行民族同化，致使湘西南、桂西北毗鄰地帶的苗瑤族群轉用漢語平話和老湘語。清政府從康熙年間開始在湘西實行「改土歸流」，最終導致「乾嘉苗民起義」，而雍正帝以武力開闢苗疆，更導致「咸同苗民起義」。清朝政府的不斷征剿，無不對苗民的生命、財產造成重大損失，包括語言資源在內的人文社會資源也遭到極大的削弱。民國時期，由於苗瑤族群不在「五族共和」範圍之內，苗瑤族群成為強制同化的對象，苗瑤族群的語言自然也是被禁用的。

（二）語言權利和語言問題

毋庸諱言，是中國共產黨給了苗瑤族群安身立命和發展自己民族文化的政治環境。一九二六年，毛澤東直接領導召開的湖南省第一次農民代表大會通過了《解放苗瑤決議案》；一九三四年，賀龍直接領導召開的黔東特區蘇維埃第一次工農兵代表大會通過了《關於苗族問題的決議》。這些文獻檔體現出早期中國共產黨對苗瑤族群生存權、社會地位的關注和擬採取的管理方式。中華人民共和國成立後，苗瑤族群獲得政治解放，通過《憲法》獲得平等的政治地位，獲得語言權利，獲得民族自治權利，通過《民族區域自治法》進一步獲得平等的政治地位、語言權利和民族自治權利，通過《國家通用語言文字法》及「地方自治條例」「地方語言文字條例」獲得更為明確的語言權利。

為了解決語言問題，一九五二年至一九五九年，國務院組織中國科學院中國少數民族語言調查第二工作隊對苗瑤族群的語言進行了普遍調查，建立專門的民族語文工作機構和研究機構，幫助苗瑤族群創制或改革文字。但是，苗瑤族群的語言問題並沒有很好地解決，沒有一種苗瑤族群文字納入官方正規教育體系、新聞媒體和公共場合，多數語言甚至尚未創制文字。同時，苗瑤族群語言使用群體受到幾個勢力強大的文化群體的夾擊，經濟和社會地位處於弱勢。半個世紀以來，苗瑤族群的一代又一代人逐漸放棄母語而轉用其他語言的現象開始凸顯，苗瑤族群語言使用者有不斷減少的勢頭，潛伏著逐漸衰落的危機，而使用者較少的語言已經呈現瀕危狀態。另一方面，一九七八年，國家恢復民族語文工作後，在國家語言文字政策的指導下，一度停止的民族語文工作和民族語文應用得到迅速的恢復和發展，呈現生機勃勃的局面。然而，隨著一九九六年國家語言文字政策調整，民族語文的發展受到影響，語言問題凸顯出來。隨著改革開放的深化，國家在加強現代化、資訊化建設之時，語言文字的規範化、標準化還不能很好地適應國家、社會發展的需要，苗瑤族群農民工群體流動和城鎮化進程不斷加快帶來了新的語言問題並造成的語言資源的快速流失。再者，隨著《國家通用語言文字法》的頒布實施和國家通用語言文字的大力推廣，普通話成為城市、鄉鎮、農村學校教育的教學語言，在一定程度上使得語言的多樣性和文化的多樣性面臨著挑戰。普通話在學校教育中處於強勢的地位，廣大農村、偏遠地區的漢語方言更是處於弱勢地位，學校教育沒有母語權，進一步而言，苗瑤族群少數民族語於學校教育沒有母語權。也就是說，在當今全球化的背景下，人類社會正逐步從自在向自為的狀態發展，語言也不例外，人們對語言的選擇從被動選擇行為向自覺選擇行為的狀態發展。資訊在全世界的快速傳播需要通用語，而語言多樣性增加了不同族群間的交際難度，甚至造成彼此間的衝突。由此，謀求共同語的願望成為許多人的追求，經濟利益和謀求職位機會也增加了人們對通用語哪怕是區域性或地方性通用語的追求。同時，一些語言因具有更高的認同度而逐漸成為人們選擇的對象，反之，則被視為價值較小而逐漸被放棄。儘管語言的選擇行為往往是自覺的，是隨著語言資源的價值變化而變化的，但是人們追求通用語容易忽略語言與特定歷史、文化的連繫，簡單地把語言文化的多樣性看作是其追求目標的絆腳石，這樣就會導致弱勢語言很可能會以更快的速度走向衰落、瀕危甚至消亡，苗瑤族群語言正面臨著這樣的問題。

（三）語言資源保護的瓶頸

事實說明，近幾十年來，隨著經濟、文化、教育和交通事業的迅速發展，無論是漢語方言、少數民族漢語方言，還是少數民族語言，都已經發生了巨大的變化，許多小語言、小方言正在急劇萎縮和消亡，苗瑤族群語言更是如此。所以，科學地、系統地、全面地描寫漢語方言、少數民族漢語方言和少數民族語言的共時特徵和面貌，及時搶救記錄和保存語言、方言資料，尤其是那些弱勢的、瀕危的語言、方言的資料，保護民族語言文化遺產，是中國政府和語言學界一項迫在眉睫的歷史使命。中國政府和語言學界為此做出的努力必然會引起國際社會和國際語言學界的關注。

語言保護分消極保護和積極保護。消極保護是指對一種語言或方言，特別是瀕危語言或方言進行調查、記錄、描寫和儲存，這種保護方法對保存語言的原生態語料有重要意義。中國少數民族新發現語言的調查研究的傳統語言學方法、瀕危語言文獻記錄方法及中國近年來著手進行和正在進行的通過現代科學技術手段把中國的漢語及其方言、少數民族語言及其方言的語言實態有效地保存下來並建設國家語言資源有聲資料庫，是搶救性保護國家語言資源的有效舉措，屬語言保存範疇。積極保護是指通過各種有效的政策、措施、手段，保持語言、方言的活力，使其得以持續生存和發展，尤其是要避免弱勢語言和瀕危語言、方言的衰亡，通過政府的語言規劃，對語言資源進行管理和配置，防止語言資源流失和浪費並對語言資源進行有效的、合理的開發利用，促進語言資源的增長和優化，以達到語言保護的最終目標。語言的保護一方面需要政府制定相應的語言政策，另一方面需要社會大眾採取積極具體的行動，特別是大眾對母語保護的自覺行動。

不管是苗瑤族群語言資源的保護，還是其他語言或方言資源的保護，目前存在很多瓶頸，一時間很難突破，主要表現為：

第一，中國政府長期以來偏重語言問題的解決，而對語言作為資源的關注不夠，全民社會未形成語言是資源的基本共識，仍憑藉經驗和經濟利益選擇語言，忽視或無視作為母語的少數民族語言和方言。

第二，普通大眾對語言的重要性和語言作為資源的價值了解得不多，其對語言的認識、關注不足，更談不上重視和保護。許多人對中國實行各民族語言平等政策和推廣國家通用語言文字普通話及規範漢字對國家、民族、社會發展的重大意義不甚了解，也不熟悉《憲法》《民族區域自治法》《國家通用語言文字法》以及其他相關法規、條例中有關語言文字及其使用的規定，對語言資源的保護相對漠然。

第三，從世界範圍來看，各國對語言的保護通常是通過語言立法的形式來進行，中國的《憲法》《民族區域自治法》《國家通用語言文字法》以及其他相關法規、條例只規定了語言權利，目的是解決語言問題，所以沒有明確語言保護和語言資源保護。直到二〇一一年十月，中國共產黨的十七屆六中全會通過的《中共中央關於深化文化體制改革推動社會主義文化大發展大繁榮若干重大問題的決定》才首次從國家層面提出要「科學保護各民族語言文字」，並將它作為將來一個時期內做好語言文字工作的重要指導思想。根據這一指導思想，國家語委二〇一三年一月發布《國家中長期語言文字事業改革和發展規劃綱要（2012-2020 年）》對「科學保護各民族語言文字」進行了解讀並將其作為今後語言文字工作的重要任務之一，但是有關部門尚未形成和發布新的語言政策。對「科學保護各民族語言文字」而言，目前政策層面的問題主要在於政府財政投入不足，針對語言資源保護的專項基金項目較少以及相關研究人才的匱乏。這些問題嚴重制約了語言資源保護工作全面、深入開展，使得科研工作缺乏連貫性，導致語言生態維護處於被動狀態，不利於語言資源的保護。

第四，從中央到地方缺乏系統的雙語教育法規和足夠的資金支援，過度強調官方語言在傳媒、學校與政府機構的絕對主導地位，忽略漢語方言及少數民族語言的凝聚作用。這使大部分人把語言資源保護局限於語言本身，使得語言保護工作流於形式，使語言資源保護陷入消極的狀態，而且在一定程度上，語言資源保護忽視了實際語言生活實態，脫離政治、經濟、社會環境，超出了社會的承受能力。誠然，對語言規劃不像經濟社會發展規劃那樣容易顯現效果，語言規劃通常需要相對較長的時間才能完成，其結果往往具有不確定性，要受政治、經濟、文化發展程度或轉變等的影響，其效果也難以用量化的方法表示出來，容易使從事語言資源保護的工作者處於觀望狀態或敷衍行事。

（四）建議與對策

由過去只重視語言問題的解決，到把語言看作是一種資源去加以保存、保護、開發和利用，是語言學界呼籲的結果，也是社會進步的表現。

把語言看作是資源，代表著學者們思想觀念的重大轉變，代表著學者們採取了一種更加科學、辯證的語言觀和語言文字工作觀。然而，語言資源觀、語言資源理念目前還只停留在學界的討論階段，對語言資源的保護也還只停留在學界的課題實施的層面。儘管正在朝著「政府主導、學者支持、社會參與」的模式發展，比較符合語言資源保護的運行方式，但是，社會群體，不管是漢族人群，還是少數民族人群，具體到苗瑤族群，他們對語言作為資源仍然知之甚少，甚至對如何把語言作為資源產生疑惑。因為語言資源與他們的經濟社會生活所需的可供消費和提高生活品質的物質資源相差甚遠，在沒有語言作為資源的觀念的前提下，難以展開對語言資源的保護，也不知怎樣去保護並使之創造價值。鑑於此，筆者提出一些建議和對策。

第一，語言資源的最有效保護是母語使用者自覺使用母語並使之有效傳承和發揮母語資源的價值。在語言作為資源的觀念和語言資源理念為母語人群接受並深入人心之前，有關部門和相關媒體應進行有效宣傳——語言作為資源的價值和保護語言資源的意義，使語言資源的理念、語言資源的觀念為母語人群的精英群所接納並逐漸傳播到普通母語人群，使母語人群意識到母語就是民族的象徵，就是民族不可再生的資源，母語是民族文化傳承和傳播的主要載體，母語承載著特定的民族文化元素，文化的可持續發展離不開母語的可持續發展；使母語人群充分認識到母語是知識得以世代相傳的最有效工具，母語的消亡就意味著自己民族文化的丟失，預示著民族文化和人文生態系統的破壞，依附于母語的文學、藝術、傳統文化也會消亡。有關部門通過宣傳引導，使母語人群廣泛接受語言資源理念，喚起母語人群自覺保護母語資源的意識以使其採取切實的、自覺的保護行動。

第二，有關部門應從國家的層面制定基於語言資源理念的語言政策。語言政策應該對語言資源的發展具有導向功能、控制功能、協調功能和非象徵功能。具有導向功能就是指語言政策能夠引導母語人群的語言行為或不同語言的發展朝著政策制定者所期望的方向發展，把複雜的、多面的、漫無目標的、阻礙經濟社會發展的語言行為，從宏觀的層面引導到合理有序、目標明確的語言行為軌道，正確引導母語人群的語言行為，使各種語言和諧發展。具有控制功能就是指語言政策對母語人群的語言行為或不同語言的發展起到制約或促進作用，圍繞既定目標，對政策制定者所希望發生的語言行為進行獎勵，對不希望發生的語言行為進行控制和糾正。協調功能就是指語言政策能使不同民族、不同區域、不同階層的母語人群的語言行為和諧相處，使不同的母語人群的利益得到均衡，增進民族團結、進步、和諧、互助、交融，增進語言安全、國家安全和社會穩定。具有非象徵性功能就是指語言政策不僅要表明政府的態度傾向，對語言政策的實際效果充滿信心，而且政府要投入大量的人力、物力和財力去實施和行之有效地執行其所制定的語言政策，推進語言資源保護。

第三，有關部門應從國家的層面制定基於語言資源理念的語言規劃。語言資源是國家人力資源的重要組成部分，語言規劃就是對語言人力資源屬性的規劃，是國家資源發展規劃的一個方面；同時，語言資源也是國家戰略資源的重要組成部分，語言規劃屬國家宏觀戰略的內容。基於語言資源理念的語言規劃是國家語言政策的體現，是國家社會規劃和社會政策的重要組成部分，對國家的語言自身的發展、語言溝通、民族平等、民族團結、民族繁榮乃至國家安全、社會穩定有重要的影響。基於語言資源理念的語言規劃將有助於重新樹立母語人群對語言和語言群體的態度，對語言資源的保存、保護、開發、利用有規定性、指導性的作用。

第四，有關部門應從國家的層面促成政府以公共職能的方式對語言資源進行宏觀性、戰略性的管理。語言是維護國家政治、軍事、經濟、文化、科技和資訊等諸多領域和利益的重要資源，也是維護國家安全、社會穩定的重要資源。國家對其所擁有的語言資源現狀的了解程度和政府對語言資源的掌控程度，是國家核心競爭力和國家軟實力的具體體現。國家對語言資源的宏觀性、戰略性管理包括語言資源的調查和語言資來源資料庫的建立。語言資源的調查和語言資料庫的建立，實際上只是對語言資源的確認，要對語言資源進行利用和發展，要從戰略決策的高度納入法制的軌道，並依法進行有效管理。

第五，有關部門應從國家的層面促成語言資源保護與全面建成小康社會有機結合，以全面建成小康社會為目標帶動語言資源保護，使語言資源轉化為可供展示的文化資源和可帶來貨幣收入的經濟資源，以期形成語言、經濟、社會、文化的良性互動，進而對語言資源進行有效保護，增進語言活力。隨著全球經濟一體化和地區經濟發展速度的加快，隨著各種媒體現代化的迅猛發展和日益普及，隨著一些封閉、半封閉狀態的地區、族群的迅速開放，官方語言或通用語言傳播力度的加強，一些弱勢語言的功能受到極大削弱，甚至瀕臨消亡，這是世界範圍內語言共同面臨的問題。另外，貧困也是使弱勢語言、瀕危語言的活力迅速降低重要因素。語言作為資源，價值有高低之分，以致偏遠地區的母語人群為獲取高價值的語言資源以爭取經濟收入來改善貧困的生活，自動放棄母語選擇其他語言。同時，農民工群體的流動也會自然放棄母語，所以只有實現語言、經濟、社會、文化的良性互動，恢復語言生態環境和語言的母語權利後，才能有效保護語言資源。

參考文獻

〔1〕Jernudd B H, Das G J.Towards a theory of language planning〔M〕//Rubin J, Jernudd B H.Can language be planned? Sociolinguistic theory and practice for developing nations.Honolulu: University Press of Hawaii, 1971.

〔2〕邱質樸.試論語言資源的開發：兼論漢語面向世界問題〔J〕.語言教學與研究，1981（3）.

〔3〕Rider N, Ridler S P.An economic analysis of Canadian policies: A model and its implementation〔J〕.Language problems and language planning, 1986(1).

〔4〕陳章太.論語言資源〔J〕.語言文字應用，2008（1）.

〔5〕陳章太.語言資源與語言問題〔J〕.雲南師範大學學報（哲學社會科學版），2009（4）.

〔6〕王鐵琨.語言使用實態考察研究與語言規劃〔J〕.語言文字應用，2008（1）.

〔7〕王鐵琨.基於語言資源理念的語言規劃：以「語言資源監測研究」和「中國語言資源有聲資料庫建設」為例〔J〕.陝西師範大學學報，2010（6）.

〔8〕李宇明.關注語言生活〔J〕.長江學術，2006（1）.

〔9〕李宇明.中國語言規劃論〔M〕.長春：東北師範大學出版社，2005.
〔10〕李宇明.語言功能規劃芻議〔J〕.語言文字應用，2008（1）.
〔11〕李宇明.語言資源觀及中國語言普查〔J〕.鄭州大學學報（哲學社會科學版），2008（1）.
〔12〕李宇明.當今人類三大語言話題〔J〕.雲南師範大學學報（哲學社會科學版），2008（4）.
〔13〕李宇明.中國語言規劃續論〔M〕.北京：商務印書館，2010.
〔14〕李宇明.語言也是「硬實力」〔J〕.華中師範大學學報（人文社會科學版），2011（5）.
〔15〕李宇明.當代中國語言生活中的問題〔J〕.中國社會科學，2012（9）.
〔16〕徐大明.語言資源管理規劃及語言資源議題〔J〕.鄭州大學學報（哲學社會科學版），2008（1）.
〔17〕范俊軍，肖自輝.語言資源論綱〔J〕.南京社會科學，2008（4）.
〔18〕王世凱，代麗新.語言資源觀與語言理論研究〔J〕.瀋陽工程學院學報（社會科學版），2008（3）.
〔19〕王世凱.語言資源與語言研究〔M〕.上海：學林出版社，2009.
〔20〕林有苗.新時期中國語言學者的語言資源觀〔J〕.湖州師範學院學報，2009（4）.
〔21〕毛力群.語言資源的價值——以浙江義烏的語言生活為例〔J〕.雲南師範大學學報（哲學社會科學版），2009（4）.
〔22〕陳麗君.基於資源概念的旅遊語言研究〔M〕.上海：上海社會科學院出版社，2012.

（原載於《黔南民族師範學院學報》2016年第2期）

世界苗學譜系中的海外百年苗語研究史

龍宇曉　蒙昌配

前言

海外學術界對苗族語言的研究是世界苗學知識譜系發展的重要組成部分。海外人士很早就開始關注苗族語言，一六四〇年，葡萄牙傳教士 Magallas Gabriell 在其所著的《中國語言文字概況》中就提到了苗語。[1] 此後，西方的一些傳教士、旅行家、探險家相繼在中國和印度支那收集了一些苗語的材料並發表相關的民族志、遊記、調查報告。一八六七年，德卡（Deka）在《中日紀事集刊》（Notes and Queries on China and Japan）上發表《苗族及其他土著的語言》（Spoken Language of the Miau Tsz and Other Aborigines）一文，簡述了苗族的語言。[2] 十九世紀末，關注苗語的主要是英法等國的傳教士，目的是為了在苗族地區傳教，他們所做的工作是收集雲貴高原一帶及印度支那的苗語詞彙，編成苗語詞典，以便翻譯《聖經》。二十世紀初，日本學者鳥居龍藏在中國西南調查苗族之後撰寫《苗族調查報告》一書，其中第四章專門論述了苗語。[3] 此後，更多的海外學者涉足苗語調查研究，撰寫了不少論著。特別自二十世紀七〇年代中葉寮國苗族難民向泰國、美國等國遷移以來，苗族語言引起了海外苗學界更廣泛的關注，相關研究文獻層出不窮，涉及苗語的語音、詞彙、語法、語義、語用等諸多方面。然而遺憾的是，目前海內外學術界尚無人對海外苗語研究成果進行過系統性的梳理。有鑑於此，我們擬從世界苗學譜系梳理和建構的視角出發，試對一百多年來海外苗語研究的重要學術成果進行初步整理，並對這些苗學文獻的歷史發展特點做出簡要評析，希望能對推動中國山地民族研究特別是苗瑤民族研究的國際化發展有所裨益。

一、苗語語音方面的海外研究成果

儘管海外學者較早關注苗語語音，但近現代語言學意義上的語音研究成果主要出現於二十世紀五〇年代至九〇年代。其中，華盛頓大學關琴（Julia C.Kwan）一九六六年撰寫的碩士論文《黑苗語方言音系研究》（Phonology of a Black Miao Dialect）、泰國朱拉隆功大學教授李曼（Thomas A.Lyman）一九九〇年所著的《青苗族及其語言述略》（The Mong(Green Miao)and Their Language：A Brief Compendium）等論著是關於苗語某個方言的音系描寫的成果。1976年，美國語言學家斯莫萊（William A.Smalley）著成《苗語輔音和聲調的問題》（The Problems of Consonants and Tone：Hmong）一文，從語言學的角度對白苗語、青苗語的音節進行了簡單描述，主要論及兩種苗語方言聲韻母的發音特徵、聲調的調值等。二十世紀八〇年代之後，苗語的聲韻母得到了學界的進一步探討。一九八五年，美國加州大學哈弗曼博士（Marie K.Huffman）從發聲學的角度對白苗語的發音特徵進行學理性分析，著成題為《苗語發聲類型的測量方式》（Measure of Phonation Type in Hmong）的研究報告，該報告對苗語的聲韻母進行了更為細緻的描寫。與此同時，澳大利亞學者賈基（Nerida Jarkey）對白苗語音系的探討也具有一定的深度，其成果主要有《白苗語的輔音音素》（Consonant Phonemes in White Hmong）（1985）、《白苗語的母音音素》（Vowel Phonemes in White Hmong Manuscript）（1985），以及《對白苗語兩個齒齦擦音的調查》（An Investigation of Two Alveolar Stop Consonants in White Hmong）（1987）。賈基在斯莫萊的研究基礎上進一步發展，對苗語語音的描述也更為具體，已不再是簡單的描寫，而是從發音方法和發音部位對苗語的語音進行了詳細的分析。這段時期的研究還涉及一些有關苗語語音的理論探討，如張琨夫婦（B.S.Chang and K.Chang）一九七六所著的《苗瑤語、藏緬語和漢語的前鼻阻塞音—語言傳播的結果還是語言關係所導致？》、日本學者田口善久（Yoshihisa Taguchi）所著的題為《原始苗瑤語捲舌輔音研究》（Rhotic and Cluster Initials in Proto-Hmong-Mien）的會議論文等。〔2〕

海外學界對苗語語音的研究不僅僅局限於語言學的視野，有的學者還將苗語的發音同聲唱等音樂現象連繫在一起，這樣的研究極具特色和深度。其中，比較具有代表性的是美國羅德島州普羅維登斯派克博物館苗族民俗中心主任凱特琳（Amy Catlin），其成果有《苗語的語言替代系統：從聲唱到蘆笙樂器》（Speech Surrogate Systems of the Hmong: From Singing Voices to Talking Reeds）（1982）、《難解的文本：苗族音樂中的思維性歌曲、神秘語言及原始的聲調》（Puzzling the Text: Thought-songs，Secret Languages，and Archaic Tones in Hmong Music）、《苗族音樂：聲唱與會說話的蘆笙》（Music of the Hmong：Singing Voices and Talking Reeds）、《苗族及其音樂 —— 對純語言學說的批判》（The Hmong and Their Music：A

Critique of Pure Speech）等。[2] 在這些成果中，凱特琳探討了苗語語音同聲樂的關係，也批判了將苗語僅僅視為純粹語言這一具有局限性的觀點。[4] 美國聖托馬斯大學威爾斯（B.B.Wells）一九九一年所著的碩士論文《苗語聲調發音對幼稚園學生聲唱準確度的影響》（The Effect of Speaking the Tonal Language Hmong on Kindergarten Children's Singing Accuracy）也很獨到，通過實證研究，著重探討了苗語聲調發音對聲唱的影響。[2]

海外苗學專家們對苗語連續變調的研究更是一大亮點。最早涉足此方面研究的是唐納（Gordon B.Downer），他於一九六七年著成《白苗語聲調的變化和轉變》（Tone-change and Tone-shift in White Miao）一文，論述了白苗語中一些重要的聲調現象，並且從音系發展史的角度對這些現象進行了分析和闡釋，同時對苗語的連續變調以及由變調所形成的苗語方位詞（tonally defined locative classes）進行論述。[5] 後來，斯博日格（R.K.Sprigg）對唐納論著中的材料重新進行整合分析，對白苗語連續變調的現象做出共時性的描述，並於一九七五年著成題為《漢藏描述語言學聲調變化的問題》（The Inefficiency of Tone Change in Sino-Tibetan Description Linguistics）的論文，得出與唐納不同的關於苗語連續變調的解釋觀點。[2] 在海外苗學界對苗語連續變調開展深入研究的學者中，成果最突出的是美國學者拉特裡芙（Martha Ratliff），她對苗語連續變調的研究超越了先前海外學者的成就。她於一九八六年完成了題為《白苗語聲調的形態功能》（The Morphological Functions of Tone in White Hmong）的博士論文，此後又將其改寫成題為《聲調的意義：白苗語聲調在複合詞、詞性以及描述詞中的形態功能》（Meaningful Tone: A Study of Tonal Morphology in Compound,

Form Classes, and Expressive Phrases in White Hmong）的專著（1992 年第一次出版，2010 年再版）。該著作論述了白苗語聲調的三種形態功能：①連續變調形成複合詞；②形成不同的詞類；③在描述詞中連續變調可以區分詞義並且可以表達特定的含義。這部著作不僅充實了前人關於苗語連續變調的論述，還在研究中發現了由連續變調所形成的三大詞類（數詞、代詞、性別詞），以及由連續變調所形成的描述詞。[6] 拉特裡芙關於苗語聲調形態功能的研究成果具有重要的學術史意義，在西方苗語語言學中顯然具有極其重要的影響力：它奠定了白苗語形態調位學（morphotonemics）的研究，為聲調語言的研究提供了重要的參考和借鑑，同時進一步推動了古苗瑤語構擬的研究。

二、苗語詞彙方面的海外研究成果

苗語詞彙也是海外苗學界最早關注的課題之一，可以追溯到十九世紀七〇年代，不過，早期的成果僅僅是列出的一些苗語方言詞彙，還算不上真正意義上的研究。一八七〇年，英國傳教士艾約瑟（Joseph Edkins）在《教務雜誌》（The Chinese Recorder and Missionary Journal）上發表《苗語方言詞彙》（A Vocabulary of the Miau Dialects）一文，列舉了一些苗語方言的詞彙；法國傳教士鄧明德（Paul Vial）一九〇八年的《苗法詞彙》（Lexique Francais-Miao-Tseu）、華西協合大學教授、美國學者葛維漢（D.C.Graham）一九三八年在《華西邊疆研究學會雜誌》（Journal of the West China Border Research Society）上發表的《川苗語詞彙》（Vocabulary of the Ch'wan Miao）也同屬於此類成果。類似的成果一直持續到二十世紀七〇年代，主要有沃斯頓（H.R.Worthington）的《青苗語中的借詞舉例》（A Sampling of Loan Words in Green Miao）、迪頓（Brady Deaton）的《青苗語農業詞彙》（Green Miao(Meo)Agricultural Terms）、T.F.Vang 的《寮國苗語醫療術語》（Lao Hmong Medical Terms）等。在有的成果中，列舉的苗語詞彙和術語還附有英文的翻譯，如洛克茨（L.Locketz）編寫的《苗語短語手冊》（Hmong-English Phrasebook for Americans）便是其中一例。二十世紀七〇年代以來，海外學者對苗語詞彙的探討開始從簡單的列舉逐漸上升到系統的理論分析，如 G.Y.Lee 的《白苗語親屬術語及其結構》（White Hmong Kinship Terminology and Structure）、唐寧（B.T.Downing）等人的《雙語環境下苗語名字的轉變和演變》（Hmong Names：Change and Variation in a Bilingual Context）等。進入二十世紀八〇年代以後，海外學者在詞彙方面的研究取得豐碩成果，涉及苗語介詞、動詞、分類詞、名詞等諸多方面的研究，成果主要包括杜內利（N.D.Donnelly）的《苗語名詞分類詞用法初探》（Preliminary Study of Noun Classifier Use in the Hmong Language）（1982）、克萊克（M.Clark）的《西部苗語中的一些助動詞》（Some Auxiliary Verbs in Hmong）（1982）、傑塞（A.C.Jaisser）的《論詞素「Kom」——苗語嵌入詞初探》（The Morpheme'Kom'：A First Analysis and Look at Embedding in Hmong）（1986）、李曼（T.A.Lyman）的《論青苗語中的 Nzi 詞》（The Word Nzi in Green Hmong）（1987）、鐘斯（B.Johns）的《苗語描述詞的形態和音系來源》（Lexical and Phonological Sources of Hmong Elaborate Expressions）（1987）、傑塞（A.Jaisser）的《苗語分類詞研究》（Hmong Classifiers: A Problem Set）、麥爾登（J.B.Melton）的《苗語名詞分類的分析》（An Analysis of Hmong Noun Classifiers）（1991）、比桑（Walter Bisang）的

《苗語中的分類詞、量詞和分類名詞》（Classifiers, Quantifiers and Class Nouns in Hmong）（1993）、格納（M.Gerner）等人的《威寧花苗語的屈折性分類詞》（Inflectional Classifiers in Weining Ahmao）、T.Sakuragi 等人的《苗語分類詞選擇中的外形與功能》（Shape and Function in Hmong Classifier Choices）（2013）、斯特勒克（David Strecker）一九八九年所著的《苗語名詞前綴》（Hmongic Noun Prefixes）、莫特森（David Mortensen）二〇〇二年所著的《苗瑤語中藏緬語借詞初探》（A Preliminary Survey of Tibeto-Burman Loanwords in Hmong-Mien Languages）、格林希爾（S.J.Greenhill）等人二〇〇八年所著的《古苗瑤語詞彙列表》（Proto-Hmong-Mien Word List）。[2]

除了論文，海外的苗語研究者們還出版了具有一定研究深度的專著，如 Somroudee Dej-Amorn 二〇〇六年出版的《青苗語小品詞的語法研究》（The Grammar of Green Hmong Particles）一書對青苗話語中小品詞的形式和功能進行了考察。此外，一些教程的出版也為相關領域的研究提供了寶貴的語言素材，如一九八三年，美國應用語言學研究中心編寫的《白苗語識字教程》（White Hmong Literary Primer）就收錄了大量的白苗語描述詞。詞彙領域中比較具有深度的研究有詹森（Brenda Johnsons）以及斯特勒克（David Strcker）的論文《白苗語中的唯美語言》（Aesthetic Language in White Hmong）。在詞彙研究的成果中，還有一些以苗語為個案，對某些詞彙的現象展開分析和考察，如克萊克（M.Clark）一九七九年所著的《動介詞分析—基於苗語動詞中新派生的介詞》（Coverbs: Evidence for the Derivation of Prepositions from Verbs, New Evidence from Hmong）、《從歷史性的角度分析共時派生的介詞——以苗語為例》(Synchronically Derived Prepositions in Diachronic Perspective: Some Evidence from Hmong)、格納(M.Gerner)的《指示詞的指示特徵》(Deictic Features of Demonstratives)(2009)等。[2]

海外苗學界有關苗語詞彙的研究,成果最多的學者仍然是拉特里芙。從二十世紀八〇年代至今,她不僅在苗瑤語系屬問題、苗語音系的研究中取得豐碩的成果,同時在詞彙研究方面的成果也引人注目。這些成果與她對苗語連續變調之功能所進行的探索密不可分,主要包括《白苗語中的重疊描述詞》(Two-Word Expressives in White Hmong)(1986)、《論白苗語連續變調所形成的重疊詞》(An Analysis of Some Tonally Differentiated Doublets in White Hmong(Miao))(1986)、《苗瑤語的指示詞及模式的持久性》(Hmong-Mien Demonstratives and Pattern Persistence)(1987)、《苗瑤語的人稱代詞研究綜述》(A Review of Hmoong-Mien Personal Pronouns)(2001)、《論苗語中的不定名詞 Cov 及句法的靈活性》(Cov, the Underspecified Noun, and Syntactic Flexibility in Hmong)(1991)、《苗瑤語量詞及分類名詞前綴:再議接觸問題及其語法功能》(Numeral Classifiers and Classifying Nominal Prefixes in Hmong-Mien)(2000)、《古苗瑤語中有關環境與生存的詞彙》(Vocabulary of Environment and Subsistence in the Hmong-Mien Protolanguage)(2004)、《白苗語中的借詞》(Loanwords in White Hmong)(2009)、《白苗語詞彙》(White Hmong Vocabulary)(2009)等。[2] 她的這些成果在研究的深度上,在世界範圍內至今還無人出其右。

三、苗語語法、語義和語用學方面的海外研究成果

海外學者對苗族語言的研究所涵蓋的內容較為全面，不僅探索苗語的語音、詞彙，自二十世紀八〇年代以來，還開始關注苗語的語法和句法，其成果也不在少數。語法研究成果主要有法國莫坦（J.Mottin）的《白苗語語法》（Elements de Grammaire Hmong）（1980）。句法研究的成果相對較為豐富，主要涉及苗語的句子結構、成分分析、語序等問題。相關成果主要有：美國聖地牙哥大學傑塞（A.C.Jaisser）《苗語中的補語結構》（Complementation in Hmong）（1984）、弗勒（J.W.Fuller）的《苗語中的零回指及主題突出》（Zero Anaphora and Topic Prominence in Hmong）（1985）、《論苗語中的被動結構》（On the Passive Construction in Hmong）（1985）、《苗語中的主題標記》（Topic Markers in Hmong）（1987）、歐文斯比（L.Owensby）的《苗語中的連動結構》（Verb Serialization in Hmong）（1986）、里德爾（E.M.Riddle）的《白苗語的連動結構和介詞》（Serial Verbs and Propositions in White Hmong）（1989）、賈基（N.Jarkey）的博士論文《從功能語法的角度探析白苗語連動結構》（Serial Verbs in White Hmong: A Functional Approach）（1991），以及他的論著《白苗語的補語從句類型以及補語形成的策略》（Complement Clause Types and Complementation Strategy in White Hmong）（2006）、布萊特（W.Bright）的《應用資料處理設備及對比語言學描述法對青苗語句法的分析》（Hmong Njua: Syntactic Analysis of a Spoken Language Using Data-Processing Equipment and Comparative Linguistic Descriptions of Southeast Asian Languages）（1992）等。除了上述的成果之外，我們從其他方面同時了解到海外學界在苗語句

法方面的研究還有以下成果：Marybeth Clark 的《白苗語句法》（White Hmong Syntax）、Judith Fuller 的《白苗語句法及話語》（White Hmong Syntax and Discourse）、Annie Jaisser《白苗語句法、話語及聲調》（White Hmong Syntax, Discourse, and Phonetics of Tone）、Brenda Johns《苗語的語義及文體》（Hmong Semantics and Stylistics）、Charles Li 的《青苗語句法及話語》（Green Hmong Syntax and Discourse）、Elizabeth Riddle 的《白苗語的句法和話語》（White Hmong Syntax and Discourse）等。[2]

不過，在語義學研究方面，目前成果還十分有限，並且還主要停留在一些詞義名稱的解釋和翻譯上，如《苗語中的隱語》（Some Secret Languages of the Hmong）以及楊高麗（Kao-Ly Yang）的《苗語姓氏翻譯的問題》（Problems in the Interpretation of Hmong Surnames）。對此方面研究做出貢獻的另一學者是李曼，他在一九七八年著有《青苗語族稱札記》（Note on the Name"Green Miao"）一文，二〇〇四年又著有題為《青苗語俗語用法的民族語義學注解》（A Note on the Ethno-Semantics of Proverb Usage in Mong Njua(Green Hmong)）的論著。[2]

但特別值得注意的是，近年來海外學者對苗語的研究又出現了新的動向，他們不再僅僅停留在苗語詞彙意義及一般句法的分析和探討上，而是開始從語用的角度來探索特定語境中的詞法和句法意義。例如，美國達特茅斯學院（漢諾威）語言學和認知科學副教授斯坦福特（James N. Stanford）便是其中的代表之一，他以明尼蘇達州聖保羅苗區三十三名苗族人對年輕苗族婦女問題的回答為個案，對苗語的話語進行了分析，於二〇一〇年發表題為《性別、年代、民族——美國苗族的話語及社會語音學實證研究》（Gender, Generations, and Nations: An Experiment in Hmong American Discourse and Sociophonetics）的論文。[2] 此外，美國伊利諾州立大學英文系語言學教授布林特（S.M.Burt）於二〇一〇年著有《美國威斯康辛州苗語調查：語言轉變與語用變化》（The Hmong Language in Wisconsin: Language Shift and Pragmatic Change）一書。該研究以美國威斯康辛州的苗族人為例，以該地區的苗族成年人和兒童為調查對象，採用問卷調查法和訪談法，考察了美國苗族人在尋求食物、幫助、表示感激、向別人提出建議、拒絕邀請時所採用的不同語言策略。研究表明，受英語語言和文化環境的影響，他們用苗語進行上述口頭表達時，苗語的一些用法發生了改變。這部著作無論是對於我們了解苗語的語用功能（如話語中的小品詞表達禮貌的語言功能），還是進一步深化語言接觸現象（language contact）、語言轉變（language shift）的研究都具有重要的作用。[7] 有關苗語中語言接觸和語言轉變的研究在近年來已經引起了海外學者的關注，如斯坦福特（J.N.Stanford）二〇一〇年在《社會語言學雜誌》（Journal of Sociolinguistics）上發表論著《婚俗在語言接觸和語言變異中的作用——以美國德克薩斯州的苗語方言為例》（The Role of Marriage in Linguistic Contact and Variation: Two Hmong Dialects in Texas）、尼布斯（Faith Nibbs）二〇一三年也著有題為《世系與語言交互作用中的親緣關係：西方話語中的苗族相關性研究》（Kinship at the Intersection of Lineage and Linguistics: A Study of Hmong Relatedness in Western Contexts）的論著等。[2] 相信今後還會有更多的學者對此方面問題進行深入的探究。

四、餘論

總之，在過去的百餘年世界苗學發展歷程中，海外學界在苗族語言的研究上取得了不可忽視的成就。就分支領域成果的歷時發展譜系而言，目前海外苗學界在苗語語音、苗語詞彙方面取得的研究成果比較突出，而在語法、句法、語義、語用分析研究方面起步較晚，但發展勢頭也不可小覷。另外，在現有的苗語研究海外成果中，不同方言所占比例不均衡：白苗語的成果較多，青苗語的成果較少，黑苗語和其他方言的則更少。而且現有的成果多是分別針對白、青兩種苗語方言開展的研究，對某一方言、次方言所做微觀的描寫性研究較多，站在各方言、次方言之上對苗語進行跨方言比較或總體宏觀研究的還非常少。正是由於海外學術界對白苗語和青苗語兩種方言音系進行比較的研究還十分有限，更遑論與黑苗或大花苗等其他支系方言的比較，迄今為止有關海外苗族文字書寫的研究也就很少從多種方言之間的差異性來考慮文字適用性的問題，使得苗文的跨方言統一發展因為缺乏有力的語言學理論支撐而一直停滯不前。在當今「全球在地化」和「軟實力建設」的時代背景下，如何積極拓展視野，與國際接軌，構建世界苗學譜系中的中國視角，重塑中國在世界苗學體系的學術話語權和主導地位，已是擺在中國苗學研究者面前的一項重大課題。就世界苗語研究中存在的問題而言，中國苗學界若要想有所突破，就必須在充分把握現有的全球各地苗語方言個案研究成果的基礎上，進一步深化苗語本體和語用的深度調查，同時更要高度重視世界範圍內的跨支系跨方言綜合比較研究。

參考文獻

〔1〕朝克，李雲兵.中國民族語言文字研究史論（第2卷，南方卷）〔M〕.北京：中國社會科學出版社，2013.

〔2〕龍宇曉，蒙昌配.海外苗族語言文字研究史論〔M〕.北京：智慧財產權出版社，2015.

〔3〕鳥居龍藏.苗族調查報告〔M〕.國立編譯館，譯.上海：商務印書館，1936.

〔4〕Catlin A.Music of the Hmong: singing voices and talking reeds〔M〕.Providence, R.I.: Center for Hmong Lore, 1981.

〔5〕Downer G.B.Tone-change and tone-shift in White Miao〔J〕.Bulletin of the school of oriental and African studies, 1967, 30.

〔6〕Ratliff M.Meaningful Tone: A study of tonal morphology in compounds, form Classes, and expressive phrases in White Hmong〔M〕.Dekalb: Center for Southeast Asian Studies, Northern Illinois University, 1992.

〔7〕Burt S.M.The Hmong language in Wisconsin: language shift and pragmatic change〔M〕.Lewiston: Edwin Mellen Press, 2010.

（原載於《黔南民族師範學院學報》2015年第5期）

文山苗語量詞研究

楊露

一、文山苗語量詞的類別及語義特徵

文山苗語有發達的量詞系統。本研究中筆者搜集的一五〇個量詞，其中名量詞有一三三個，動量詞有十七個。名量詞根據其所負載的語義資訊，又細分為個體量詞、集合量詞、度量衡量詞三個小類。個體量詞是名量詞的主體部分，語法功能相對發達。其內部又可劃分為類別量詞、性狀量詞和通用量詞三類。動量詞與名量詞相比，數量較少，計量功能相對較弱，主要是與數詞「一」搭配，與「二」以上的數詞結合的用例很少。

苗語量詞缺乏形態，其句法功能主要通過語義關係來表示。[1]其表義功能主要體現在量詞對名詞的相關附屬語義的區分和限定作用上，使與量詞搭配的名詞的語義範疇趨於清晰明瞭。主要有：

（一）區分名詞的類別

在量名結構中，名詞與量詞處於雙向選擇的動態網路中，名詞在其中起主導作用，名詞事物的凸顯特徵為量詞提供了可選擇的範圍。但同時，在選擇過程中，量詞並不是完全被動的，一旦與名詞形成組合，量詞就會對名詞產生各種影響，包括使名詞語義細節化，使名詞類別概念具體化，使多義名詞的義項分化等。[2]文山苗語的名詞則通過使用不同的量詞分別獲得了不同的性狀類別意義。下面舉例具體說明。

tsau^{55} 是「棵」的意思，常用來計量有主幹、形體高大的樹木類和蔬菜類事物名詞，後擴展到有根莖的植物。例如：

i^{55} tsau^{55} tshai^{33} 一棵三七

一 棵 三七

i^{55} tsau^{55} tsɿ^{24} zua^{53} 一棵梨樹

一 棵 梨樹

ntɦei^{22} 借自名詞「手」，轉用作量詞後，用來計量能用手握起來的一類事物。例如：

i^{55} ntɦei^{22} ntsau^{53} 一把雜草

一 把 雜草

i^{55} ntɦei^{22} paŋ^{53} 一束花

一 束 花

tso^{53} 的意思是「根」「條」，多用在呈細條狀的、材質柔軟的事物名詞上。例如：

i^{55} tso^{53} ɬaŋ^{55} tsɿ^{33} 一條皮帶

一 條 皮帶

i^{55} tso^{53} ɳo^{24} 一根腸子

一 根 腸子

tho^{53} 意為「坨」，用於計量能夠聚集在一起變成團狀的圓形事物。例如：

i^{55} tho^{53} mau^{24} 一坨飯
一　坨　飯

i^{55} tho^{53} xua^{55} 一朵雲
一朵　雲

i^{55} tho^{53} paŋ^{53} 一簇花
一簇　花

從上面的例子可以看出，苗語的名詞可以按照所適用的量詞進行分類。類別量詞和性狀量詞說到底都包含一定的形狀特點，而名量詞分類所依據的形狀功能則是由名詞本身所蘊含的空間性給予的。王惠曾根據名詞和不同量詞的組合能力，將名詞分為不同類別，他認為，名詞都具有空間性，名詞空間性的強弱有多種語法表現形式，其中最明顯的體現在名詞與量詞的組合能力上。能同個體量詞，如「個」「頭」「匹」「根」「條」等組合的，具有最強的空間性，否則，具有較弱的空間性；只能同種類量詞，如「種」「類」等組合的，空間性最弱；一旦名詞不能與量詞組合，就會喪失空間性。因此，可以用量詞來鑑別名詞的空間性。換言之，量詞對名詞的空間性具有描述作用。[3]

（二）區別名詞的不同義項

擁有兩個或兩個以上義項的名詞，可以通過不同的量詞表現不同的義項。即在同一語法環境中，可以依據使用的量詞來判斷多義名詞的意義。

下面是用不同的量詞區別同一名詞的不同義項：

i^{55} $zɦe^{22}$ qai^{44} 一窩蛋

一 窩 蛋

i^{55} $zɦaŋ^{22}$ qai^{44} 一窩雞

一 窩 雞

上例中，$zɦe^{22}$ 計量的名詞 qai^{44} 指尚未孵化的蛋，$zɦaŋ^{22}$ 計量的 qai^{44} 指剛孵化出來的小雞。

i^{55} lou^{55} $tsɿ^{24}$ $tlua^{53}$ 一個桃子

一 個 桃 子

i^{55} $tsau^{55}$ $tsɿ^{24}$ $tlua^{53}$ 一棵桃樹

一 棵 桃樹

上例中，$tsɿ^{24}$ $tlua^{53}$ 有「桃子」「桃樹」兩個含義，當其前面出現量詞 lou^{55}時，表達的是桃子的意思，與量詞 $tsau^{55}$ 搭配時，則表示桃樹。果樹類的名詞均具有這一特點。

i^{55} $tɕo^{55}$ $tɦəu^{22}$ 一堆火

一 堆 火

i^{55} $pɦəɯ^{22}$ $tɦəu^{22}$ 一堆柴

一 堆 柴

上例中，$tɦəu^{22}$ 包含兩個意思：「火」和「柴」。依據置於前面的不定量量詞的不同，表示不同事物的聚集狀態。 $tɕo^{55}$ 是專用於修飾火的量詞，pɦəɯ^{22}用來計量柴。

（三）量詞與名詞的組合關係

在量名搭配中，由於量名雙方語義的制約，出現了多量對一名、一量對多名和一量對一名不同類型，分述如下。

1. 多量對一名

指一個名詞可以與多個量詞組合的現象。名詞對量詞的選擇不是任意的。其產生主要體現在三個方面：

一是「一物多形」。也就是說人們由於觀測視角的差異或物體本身形狀特徵的多變性，對同一事物形成不同的認識。例如：Nqai^{53}「肉」：可以與 sə^{55}「條」搭配，強調肉的長條狀，如 i^{55} sə^{55} Nqai^{53}（一條肉）。可以與 tlai^{21}「塊」搭配，突出塊狀，如 i^{55} tlai^{21} Nqai^{53}（一塊肉）。還可以與 tho^{53}「坨」搭配，突出團狀，如 i^{55} tho^{53} Nqai^{53}（一坨肉）。

二是數量以及範圍大小的不同。例如：

（1）整體和部分的關係。如 i^{55} pan^{24} la^{53}（一丘田），指整塊水田；i^{55} zei^{33} la^{53}（一丘田），指整塊田中的任意一小塊田。又如 i^{55} ntɦei^{22} tsɦə^{22}（一把筷子），指兩根以上的很多根筷子；i^{55} tsʉ^{21} tsɦə^{22}（一雙筷子），指兩根筷子。

（2）根據不同的容器來體現量的差異。如 i^{55} pha^{24} zou^{55}（一盆菜），指用較小的盆，專用來裝菜的器皿；i^{55} nti^{21} zou^{55}（一碗菜），指用吃飯的器皿來盛菜，容量比「盆」小。又如 i^{55} phəŋ^{24} ntsa^{55} （一捧米），指用兩隻手掬水； i^{55} tou^{33} ntsa^{55} （一捧米），指用一隻手掬水。

三是因語言接觸造成使用不同的量詞。文山苗語借用量詞的來源主要為西南官話。借詞進入文山苗語後，形成本語詞和借詞共存並用，二者在語法語義功能方面沒有任何差異，可以替換使用，但使用頻率存在差異。例如：

tsɿ^{55} zaŋ^{53} tua^{55} nɦəŋ^{22} 五行人

五 排（固有詞）人

i^{55} pha^{53} tua^{55} nɦəŋ^{22} 一排人

一 排（借詞）人

2. 一量對多名

即一個量詞可以與多個名詞進行搭配。這是語言經濟原則作用的結果。例如 tsaŋ^{55}「張」，凡是有手柄可把握的工具類事物都可以用它來計量。又如 ntsɦua^{22} 「扇子」、 qən^{53}「蘆笙」、 ɬau^{33} 「鋤頭」、 nəŋ^{24} 「弓」等均可以用它來進行搭配。再以 ntsa^{33} ／kho^{24}「顆／粒」為例，凡具有顆粒狀屬性的事物都可用它們來計量。如 tshua^{53}「藥」、pau^{44} kʉ^{33}「包穀」等也可以進行搭配。

3. 一量對一名

是指一個量詞只能與一個名詞相對應，形成固定搭配。其使用範圍非常有限。例如：

i^{55} tau^{24} $paŋ^{53}$ 一朵花

i^{55} tse^{24} $paŋ^{53}$ 一枝花

i^{55} ki^{21} $tsei^{24}$ 一間屋子

i^{55} $sə^{55}$ $Nqai^{53}$ 一條肉

i^{55} $plua^{53}$ $ntɦua^{22}$ 一根麻皮

i^{55} $tɕo^{55}$ $tɦəu^{22}$ 一團火

二、文山苗語量詞的語義語法功能

從文山苗語的使用現狀來看，量詞具有多種語義和語法功能，主要有分類功能、個體化功能、定指功能、領屬功能、指代功能、全稱量化功能等。

（一）分類功能

量詞在西方語言學中又被稱為「分類詞」，文山苗語量詞對名詞語義的分類是其最基本的功能。由於量詞與名詞的關係比較鬆散，所以量詞的分類功能只能在句法結構中體現，而不能作為語素參與構詞。例如：

$tlai^{21}$「塊」，用來計量較薄的片狀物體。

i^{55} $tlai^{21}$ pu^{53} $ʑau^{55}$ 一塊圍腰

一 塊 圍腰

au^{55} $tlai^{21}$ $mploŋ^{53}$ 兩片葉子

兩 片 葉子

to^{24}「堵」，用來計量人工的面狀物，主要是牆、籬笆。

i^{55} to^{24} sou^{44} tshaŋ^{53} 一堵牆

一 堵 牆

i^{55} to^{24} tsaŋ^{24} pua^{44} 一堵板壁

一 堵 板壁

tshuan^{21}「串」，用於連貫穿起來的東西。例如：

i^{55} tshuan^{21} tɕi^{55} 一串菌子

一 串 菌子

i^{55} tshuan^{21} qua^{44} ntsɿ^{21} 一串辣椒

一 串 辣椒

（二）個體化功能

個體化功能是指量詞在特定的句法環境中，具有個體化被修飾名詞的功能。[4] 在量詞型語言中，主要是依靠量詞將名詞個體化來彌補名詞數範疇的不足。在表達個體化語義時，「數＋量＋名」通常處於賓語的位置，且數詞「一」時常省略，例如：

ȵau^{55} tau^{21} ki^{24} tsɿ^{55} tsɦou^{22} tɦo^{22} thoŋ^{53} ɕye^{53}.

在 路上 遇見 到 個 同學

在路上碰見個同學。

paŋ^{55} ku^{24} mua^{44} lou^{55} nti^{21}.幫我拿個碗。

幫 我 拿 個 碗

la^{53} le^{44} xo^{24} qaŋ^{55} mua^{53} tɦo^{22} tle^{53}.

田 的 下面 有 條 河

田的下面有一條河。

以上例句中的量詞「tɦo^{22}」「lou^{55}」都出現在賓語的位置上，數詞「一」雖然被省略，但從量詞依然能夠獲知「一」的概念。而個體化在其他語言中多是由數形態、冠詞等手段實現的。

（三）定指功能

文山苗語量詞脫離數詞和指示代詞單獨與名詞結合，出現在主語、賓語等有定名詞的句法位置上作主語中心或賓語中心，名詞作後置定語修飾量詞，在語義上對主語進行限定。[5]這種定指功能類似於英語中定冠詞的作用。有定性出現的語法環境較為複雜，多為量詞單獨與名詞搭配，且沒有其他定語共同修飾名詞的情況下，才能夠實現，例如：

lou^{55} təŋ^{55} tsɿ^{44} zoŋ^{33} lə^{21} ， i^{22} ntsai^{33} i^{55}ntsai^{33} le^{44}.

個 燈 不 好 了 一 閃 一 閃 的

燈泡壞了，一閃一閃的。

tɕau^{24} tsɿ^{24} ʦəɯ^{55} tlaŋ^{53} ləu^{24} to^{55}mua^{55} pu^{55} mpua^{44} ləɯ^{21}.

些 果子 香蕉 黃 了 都 把 喂 豬 了

腐爛的香蕉都喂豬了。

lou^{55} phəŋ^{53} ȵau^{55} ntəɯ^{21} naŋ^{44}.

個 盆 在 裡 這

臉盆在這兒。

ku^{24} ntɕɦi^{22} lou^{55} tsoŋ^{55} tlha^{55} au^{55} tsuan^{21} la^{33}.

我 轉 個 山 跑 二 轉 了

我繞著山跑了兩圈。

(四)領屬功能

文山苗語量詞位於領屬定語與核心名詞之間，作定語標記，相當於結構助詞「的」，有定性的語義範疇由領屬定語承擔。量詞在句中只有語法意義，在結構上起標記作用。例如：

ku^{24} mɦua^{22} tou^{44} au^{55} pau^{55} thaŋ^{53} khəu^{33} ku^{24} tɦo^{22} kʉ^{24}.

我 買 的 二 包 糖 給 我 個 弟弟

我買了兩包糖給弟弟。

ku^{24} mɦua^{22} tou^{44} au^{55} pau^{55} thaŋ^{53} khəu^{33} ku^{24} tɕau^{24} kʉ^{24}.

我 買 的 二 包 糖 給 我 些 弟弟

我買了兩包糖給弟弟們。

pe^{55} lou^{55} ku^{53} tɕua^{44} mua^{53} pu^{21} tsɦəɯ^{22} tɦo^{22} tua^{55} nɦəŋ^{22}?

我們 個 國家 有 多少 個 人

我們國家有多少人？

ku^{24} tɦo^{22} mua^{21} tsɿ^{44} Nua^{33}, ku^{24} ʑua^{24} mɦoŋ^{22} sai^{55} nɦi^{22} au^{55} pe^{55} no^{55}.

我 個 妹妹 不 勤快 我 要 去 看 她 二 三 天

我妹妹病了，我去照顧她幾天。

從上面的例句可以看出，作定語標記的量詞基本都是語法化程度較高的通用量詞「lou^{55}」和「tɦo^{22}」。例句通過量詞「tɦo^{22}(個)」和「tɕau^{24}

（些）」本身包含的數的意義來表達單複數的概念。文山苗語這種領屬結構前置於所修飾名詞，不太符合語序類型學 VO 語言領屬定語通常後置的普遍現象，但與雲南漢語方言的領屬定語的情況相類似。

（五）指代功能

文山苗語量詞的指代功能，是指量詞在特定的句法結構中替代代詞或名詞起指示詞的作用。[6] 由於苗語用量詞對事物分類，當句中核心名詞省略時，根據量詞也能基本判斷出名詞所指事物的大致類別。例如：

kau^{53} xai^{33} ʑɦau^{22} tɦo^{22} tle^{24} tʉ^{24} tsɿ^{44} pu^{21} ləɯ^{21}？

你　說　是 個 狗　哪 不 見　了

你說哪只狗丟了？

ku^{24} mɦua^{22} le^{33} tɦo^{22}（「tɦo^{22}」指代狗）.

我　買 的 個

我買的那只。

ni^{24} mɦua^{22} lɦo^{22} le^{44} tsaŋ^{55} tsɿ^{44} ntse^{33}.（「tsaŋ^{55}」指代鐮刀）

剛 買　回　的　把 不 快

剛買來的那把不好用。

（六）全稱量化功能

全稱量化是指量詞的重疊形式能夠表達全稱量化的意義。文山苗語量詞的重疊形態主要有「AA」式、「一 AA」式、「一 A 一 A」式等。這些形態單獨具備以下功能：

（1）名詞性全量單位，例如：

ʑi²¹ ʑi²¹ to⁵⁵ mua⁵³ tsa⁵³.

家 家 都 有 錢

家家都有錢。

（2）修飾限定並量化名詞，例如：

lou⁵⁵ lou⁵⁵ zɦau²² to⁵⁵ mua⁵³ tua⁵⁵ nɦəŋ²².

個 個 村子 都 有 人

每個村子都有人。

（3）有的形態可以充當句子的話題。例如：

ɕoŋ⁴⁴ ɕoŋ⁴⁴ nɦi²² to⁵⁵ tua⁵³ pe³³ tsa⁵⁵.

年 年 他 都 來 拜年

每年他都來我家拜年。

通過以上的功能分析，可以看出文山苗語量詞的語法功能多樣，語法意義豐富，且量詞諸多的附屬功能主要是與名片語合成量名結構來承擔。但並不是所有的量詞都可以與名詞隨機組合成量名結構，表達定指、領屬、指代等意義。其中使用頻率最高的是量詞中泛化程度較高的通用個體量詞「lou⁵⁵（個）」「tɦo²²（個）」以及不定量詞「tɕau²⁴（些）」。在表達相應的語法意義時，它們具有句法強制性。對文山苗語量詞的功能進行梳理和歸納，發現其正在向兩個方向發展：一是向定語標記演化；二是向結構助詞演化。兩者語法化的進程不同，距離量詞核心功能的遠近也有別。

在調查中，筆者發現量詞的有定性用法非常頻繁，已成為苗語有定意義表達的主要語法手段。

文山苗語的領屬定語標記主要有兩個：「le^{44}（的）」和部分量詞「lou^{55}（個）」「$tɦo^{22}$（個）」等。「le^{44}（的）」適用範圍更加廣泛，在有些語用條件下，兩者往往可以互換使用，例如，「我的碗」可以說「ku^{24} le^{44} nti^{21}（我的碗）」，也可以說成「ku^{24} lou^{55} nti^{21}（我個碗）」。但是發音合作人補充說，當兩種方式都可以講時，母語人更傾向於使用量詞作定語標記的類型。

從這些特點可以推想文山苗語量詞目前正處於整個演變過程的中間階段，隨著語言的發展，在隱喻轉喻等認知機制的推動作用下，應該會有更多的量詞語法化為定語標記。

三、語言接觸中的文山苗語量詞

文山雖是苗壯聚居的州，但日常生活與漢族交往頻繁，深受主體民族漢族的影響，這種民族間的相互接觸使外來借詞成為苗語詞彙中不可分割的組成部分，文山苗語中的量詞借詞主要借自當地的漢語方言。在苗漢語的相互影響中，以漢語影響苗語為主。在筆者搜集到的一五〇個量詞中，有四十多個是漢語借詞，一百多個是本語詞。不同的量詞類別受接觸影響的程度不同，其中借用比例最大的是標準度量衡量詞，個體量詞次之，動量詞較少。使用範圍涉及使用頻率很高的日常用語。文山苗語借用漢語量詞的主要方式有以下幾種。

（一）借用量詞的類別

（1）借用本語沒有的量詞，填補表義空缺。如mɦɯ22（畝）、lɦi22（兩）、tsaŋ21（丈）、tshʅ21（尺）、tshəŋ21（寸）、tɕo21（角）、fən55（分）、ʑaŋ21（様）、təŋ21（頓）、phiau21 keŋ55（勺）、paŋ24（板）、thau21（套）等，此類量詞以度量衡量詞為主。

（2）借用本語已有的量詞。形成本語詞與借詞共存互補或並存競爭的關係。如：（一）首（歌）zaŋ53（本語）—so55（借詞）、（一）排（人）zaŋ53（本語）—pha53（借詞）、（一）捧（水）ntɦei22（本語）—phəŋ24（借詞），（一）場（雨）kau55（本語）—tshaŋ24（借詞），（一）勺（鹽）fʉ33（本語）—phiau31 ken33（借詞）等。

筆者在調查中發現，年輕人更傾向於選用漢語借詞。這一現象說明在量詞演變過程中，本語詞和借詞之間存在著競爭和替換。

（二）借用量詞的方式

借用的量詞通常隨新名詞以名量結構的形式整體借入。借入後，量詞逐漸脫離原來的名量結構，獨立地與其他名詞搭配。如：

i55 kho21 ntəɯ24 一課書

一 課 書

i55 fʉ21 tui24 lian53 一副對聯

一 副 對聯

i55 tɕua21 tɕhi21 səu33 tshau33 一架縫紉機

一 架 縫紉機

i^{55} fəŋ^{55} phau^{21} tsaŋ^{24} 一掛鞭炮

一 封　炮仗

（三）借用漢語量詞的表達方式

有的量詞，文山苗語裡沒有，但是受到漢語表達方式的影響，用本語量詞表達一種新的量詞概念。如「一塊錢」的「塊」，文山苗語過去沒有該貨幣計量單位，但它模仿漢語的「一塊錢」的「塊」，從本語裡面找出「tlai^{21}」（表示扁平的塊狀物）來表示。又如文山苗語新增加了「鐵絲」這個詞，但不知如何表達其數量，後來模仿漢語的「節」，選用苗語的「ʑaŋ^{24}」（表示竹節）來表達。如：

i^{55} tlai^{21} tsa^{53} 一塊錢

一 塊　錢

i^{55} ʑaŋ^{24} kaŋ^{24} ɬau^{44} 一節鐵絲

一 節　杆　鐵

四、結語

通過以上的分析，對文山苗語量詞的特點可以歸納出以下幾點：第一，從數量上看，文山苗語的量詞數量豐富，音節形式以單音節為主，屬於漢藏語系語言中量詞較發達型語言。但量詞系統內部發展並不平衡。名量詞數量明顯多於動量詞。第二，從語義上看，文山苗語量詞中，除度量衡量詞和專用量詞外，大多數量詞不僅具有計量功能，還兼有表義功能。這種表義性與所搭配的名詞息息相關。第三，從功能上看，文山苗語的量詞語法功能多樣，是苗語系統中的顯著特徵。其中，分類功能是量詞最核心的功能，此外還有個體化功能、定指功能、領屬功能、指代功能、全稱量化功能等附屬功能。第四，從語言接觸影響上看，在所搜集的一五〇個苗語量詞中，漢語借詞約占總數的百分之二十七。外來借詞的滲入，一方面滿足了人們的交際需求，拓寬了本語量詞的使用範圍，另一方面也出現了借用量詞取代本語詞的趨勢。這種現象在青少年的語言使用中較為明顯。

參考文獻

〔1〕王輔世.苗語簡志〔M〕.北京：民族出版社，1985.

〔2〕周芍.名詞與量詞組合關係研究說略〔J〕.漢語學習，2006（1）.

〔3〕王惠.從組合特徵看現代漢語名詞詞義單位劃分〔M〕//北京大學漢語語言學研究中心《語言學論叢》編委會.語言學論叢（第二十七輯）.北京：商務印書館，2003.

〔4〕劉丹青.名詞性短語的類型學研究〔M〕.北京：商務印書館，2012.

〔5〕余金枝.湘西矮寨苗語參考語法〔M〕.北京：中國社會科學出版社，2011.

〔6〕李雲兵.苗瑤語量詞的類型學特徵〔M〕//李錦芳.漢藏語系量詞研究.北京：中央民族大學出版社，2005.

（原載於《黔南民族師範學院學報》2015 年第 6 期）

布依語名詞前綴 lɯ⁰ 研究

周國炎

一、概述

由詞綴加詞根構成合成詞的附加式構詞法是漢藏語系語言中一種重要的構詞手段，布依語中大量的詞是通過這種方式構成的。附加在詞根之前的虛語素，詞彙意義較弱，有些甚至沒有詞彙意義，通常有較強的黏附性和定位性，不能單獨使用。關於附加式構詞法，前人的成果已有所涉及，如《壯侗語簡志》對八種壯侗語族語言中的這一構詞法都進行了描寫[1]，專門研究布依語的如《布依語調查報告》[2]《貴陽布依語》[3]《布依語的幾種構詞方式》[4]等也都提到了這一構詞法。上述文獻均把詞根之前的虛語素稱為「前加成分」，也有些文獻將這類語素稱為「詞頭」，如《壯語類屬詞頭與壯語量詞的關係》[5]《關於壯語量詞的詞頭化》[6]，也有的稱為前綴，如《布央語前綴》[7]《燕齊壯語參考語法》[8]。本文沿用「前綴」這一說法。在布依語中，前綴加詞根可以構成名詞、代詞、數詞和動詞，其中名詞占絕大多數。本文的研究對象是名詞前綴 lɯ⁰，因此，名詞之外幾種詞類的詞根加綴情況暫不涉及。關於前綴的類型，吳啟祿以貴陽布依語為例，歸納為三種情況，稱之為「附加成分」：一種是由名量詞轉化為該事物的前加成分，起區別事物類別的作用；一種是非量詞轉化的也起區分事物類別作用的前加成分；還有一種是其他零星不成規則的前加成分。[3]

本文將布依語的名詞詞綴歸納為以下兩種情況。其中一種名詞前綴對詞根起到分類作用，具有一定的詞彙意義，大部分可兼作名量詞，作為名詞前綴從量詞虛化而來[1]，由於其對名詞性詞根具有分類作用，因此，又稱為類別詞。如 tuə^2 原是動物的計量單位，對應漢語中的「只」「頭」「匹」「條」「尾」等，作為前綴也主要出現在動物名詞詞根之前，充當動物名詞的類別標記。其他一些詞彙意義較明顯的前綴跟名詞搭配時也具有這樣的功能，如 pau^5（男人）、ɟa^6（女人）、mai^4（年輕女子）等可分別作為相應的各類「人」的名詞類別標記，pu^4（公的）、me^6（母的）、tak^8（公的、雄性的）、ɕo^6（母的、雌性的）等可分別作為不同性別動物的名詞類別標記。這一類名詞前綴的特點是能產性較弱。另一類前綴沒有明確的詞彙意義，有的甚至沒有詞彙意義，不具備量詞的功能，但有的只能跟特定類別的名詞詞根結合，因此，與從量詞虛化而來的前綴一樣，具有標記名詞類別的作用。有的則可以與不同類別的名詞詞根結合，有較強的能產性，沒有名詞的類別標記功能。

第二種名詞前綴此前較少有人關注，筆者在布依語第一土語區語言材料的基礎上，對這類名詞前綴進行了梳理，發現主要有 tɯ^0-[2]、tɯ^0-、ka^1-、tɕ^3-、lɯk^8、nɔk^8-、ɕa^4-、ɕi^2-等，其中最常用的是前兩個。本文擬對使用頻率最高的名詞前綴 lɯ^0。進行初步的研究，並試圖通過內部對比

1 覃曉航教授（2005）認為侗臺語前綴是量詞虛化而來，本文採納這一觀點。

2 前綴 tɯ^0 從計量動物數量的 tuə^2 虛化而來，但作為第二類前綴，它既不能充當詞根的計量單位，也不能作為它的類別標記，因此，是一個詞彙意義比較虛的粘著語素。

探討其來源。[1]

二、名詞前綴 lɯ⁰ 的分布範圍

本節討論兩個問題：一是前綴 lɯ⁰ 的語音形式及其地域分布；二是與前綴 lɯ⁰ 結合的名詞類別。

（一）前綴 lɯ⁰ 的語音形式及其地域分布

前綴作為合成詞的次要成分，語音通常都有弱化的傾向，除前高元音〔i〕以外，該音節的主要元音常常會出現央化現象，即無論是前母音〔a〕、〔e〕，還是後元音〔ɯ〕、〔u〕、〔o〕，在與詞根連讀時都會弱化為央元音〔ə〕，聲調不穩定，通常可標記為 0。布依語名詞前綴 lɯ⁰ 作為一個獨立的音節時，其聲調為高升或高降，即 lɯ〔35/53〕，作為前綴與詞根一起出現時，則讀作 lɯ⁰ 或 lə⁰，但也有清晰地讀作 lɯ〔35〕的情況。

根據目前所掌握的材料，名詞前綴 lɯ⁰ 主要分布在第一土語區的第三社區，即貞豐縣北部的者相、北盤江、長田、平街等鄉鎮以及與之毗鄰的興仁、關嶺、鎮寧等縣的布依族地區。

（二）前綴 lɯ⁰ 所依附的名詞詞根類別

lɯ⁰ 是一個名詞前綴，它所依附的名詞詞根，從涉及的範圍來看，主要有工具類、傢俱類、器皿及容器。此外，部分建築物、自然風物、交通

1　文中的語料按第一土語貞豐北盤江一帶的讀音標注。

工具、人體部位等方面的名詞詞根也可以用 lɯ^{0} 作為前綴。例如：

（1）工具類：lɯ^{0}liəŋ^{3} 傘，lɯ^{0}pa：i^{6} 風箱，lɯ^{0}lok^{7} 風車、風簸，lɯ^{0}θa^{3} 紡車，lɯ^{0}tau^{4} 打穀斗（給水稻脫粒用的大木斗），lɯ^{0}tɕi^{1} 筲箕，lɯ^{0}lut^{7} 卷紗筒，lɯ^{0}luŋ 鎖，lɯ^{0}ðaŋ^{1} 篩子，lɯ^{0}ɕiən^{3} 飯勺，lɯ^{0}ʔbe^{5} 瓢，lɯ^{0}tɕaui^{1} 背簍，lɯ^{0}luai^{6} 擂子（給稻穀去殼的竹製工具），lɯ^{0}tuai^{6} 碓等。

（2）傢俱類：lɯ^{0}taŋ^{5} 凳子、lɯ^{0}soŋ^{1} 桌子、lɯ^{0}θiaŋ^{1} 箱子、lɯ^{0}kui^{6} 櫃子、lɯ^{0}naŋ^{3} 甑子、lɯ^{0}sa：u^{5} 鍋等。

（3）容器器皿類：lɯ^{0}sa：n^{3} 杯子、lɯ^{0}pa：n^{2} 盤子、lɯ^{0}pa：i^{3} 罐子、lɯ^{0}wu^{1} 壺、lɯ^{0}pɯn^{2} 盆、lɯ^{0}ʔbu^{3}（裝水或酒的）葫蘆、lɯ^{0}toŋ^{3}桶、lɯ^{0}θa：ŋ^{6} 囤籮、lɯ^{0}ka：ŋ^{1} 缸、lɯ^{0}ʔban^{4} 罎子、lɯ^{0}θa：ŋ^{5}大缸、lɯ^{0}tua^{4} 碗、lɯ^{0}ŋam^{6} 缽等。

（4）建築物及其附屬物類：lɯ^{0}ða：n^{2}房子、lɯ^{0}tiaŋ^{2} 灰棚、lɯ^{0}jiŋ^{2} 營房、lɯ^{0}ɕiŋ^{2} 城、lɯ^{0}ʔba：n^{4} 寨子、lɯ^{0}ðk^{8} 房間、lɯ^{0}ji^{2} 糧倉、lɯ^{0}lu^{6} 廁所、lɯ^{0}koŋ^{6}（牲口）圈、lɯ^{0}θau^{5} 灶、lɯ^{0}tɕau^{2} 橋、lɯ^{0}ti^{6} 墳墓等。

（5）身體部位類：lɯ^{0}ʔda：ŋ^{1} 身體、lɯ^{0}ɣat^{4} 腰、lɯ^{0}tuŋ^{4} 肚子、lɯ^{0}tin^{1} 腳、lɯ^{0}ka^{1} 腿、lɯ^{0}vɯŋ^{1}1 手、lɯ^{0}ken^{1}胳膊等。

（6）自然風物類：lɯ^{0}po^{1} 山、lɯ^{0}pja^{1} 山岩，lɯ^{0}doŋ^{1} 森林，lɯ^{0}ʔbɯm^{1} 天，lɯ^{0}ɣa：i^{3} 大海，lɯ^{0}ðoŋ^{3} 消水洞、深坑，lɯ^{0}ta^{6} 河流，lɯ^{0}ði^{6} 旱地，lɯ^{0}an^{2} 稻田等。

（7）交通工具類：lɯ^{0}θwa^{2} 筏子、lɯ^{0}ðu^{2} 船、lɯ^{0}tɕ^{6} 轎子等。

（8）樂器類：lɯ^{0}ȵan^{2} 銅鼓，lɯ^{0}jen^{2} 胡琴、二胡，lɯ^{0}tɕoŋ^{1} 鼓，lɯ^{0}al^{2} 鑼等。

此外，還有其他一些詞因數量太少，無法構成一類，如服飾類的「帽子」lɯ^{0}ma：u^{6}、表示抽象概念的「心情」lɯ^{0}sɯ^{1} 等都只有一個例子。

以上是以 lɯ^{0} 為前綴的部分名詞，從大類來看，大概涉及八類名詞，另外還有一些太零散不能分類的詞語。這些詞所指事物無論從外部特徵還是內在特性，都無法統一，因此，不能作為某一特定類別事物的標記是前綴 lɯ^{0} 的特徵。前綴 lɯ^{0} 的另一個特點是，它所附著的詞根只能是單音節，不能是雙音節或多音節。

三、前綴 lɯ^{0} 的來源初探

關於壯侗語前綴的來源，有學者認為來自量詞，是量詞進一步虛化而成的。覃曉航以馬山壯語為例，通過與古代漢語進行對比，探討了壯語詞頭（即前綴）的來源，認為壯語的量詞在獨立修飾名詞時，有「一」的意思，如 nei^{4} mi^{2} tak^{8} va：i^{2}「這裡有一頭水牛（直譯：這＋有＋頭＋水牛）」；heu^{6} pou^{4} yuri^{2} kua^{5} tau^{3}「叫一個人過來（直譯：叫＋個＋人＋過來）」。這種現象在壯語中普遍存在，顯然是量詞「詞頭化」的雛形，這種雛形引導壯語量詞向泛指某一類事物的詞頭的方向轉化，最終變成了前加成分。[6] 李錦芳認為布央語的前綴主要有兩個來源，一是早期雙音節詞頭一個音節的繼承，一是作為濁聲母清化和／x／聲母消失的一種補

償。[7] 但通過對現有的語言材料進行仔細研究，我們發現，布依語名詞前綴 lɯ^{0} 與上述兩種語言中名詞前綴的來源都不同。首先，布依語的 lɯ^{0} 本身不能充當量詞，因此不可能直接從量詞虛化而來；其次，前綴 lɯ^{0} 所附著的名詞詞根都可以單獨表示完整的意義，不存在脫離前綴就改變詞性或詞義的情況，因此，lɯ^{0} 也不是早期布依語雙音節詞頭一個音節的繼承，同樣，前綴 lɯ^{0} 的存在也不是布依語語音歷史演變的結果。

通過與布依語內部其他前綴進行比較，我們發現前綴 lɯ^{0} 與另一個能產性較強的名詞性前綴 ʔdan^{1} 存在大量交叉現象，除部分詞外，多數情況下 lɯ^{0} 和 ʔdan^{1} 都可以相互替換，即能用 lɯ^{0} 的地方就可以用 ʔdan^{1}。ʔdan^{1} 是布依語中最常用的個體名量詞，其意義相當於漢語中的「個」，但指稱對象範圍又不完全相同。在二〇一一年新出版的《布依漢詞典》中，包括作為名詞、名量詞、助詞和名詞詞頭在內，ʔdan^{1} 共有十四個義項。其中，作為名量詞，其稱量範圍涉及以下幾類事物，包括自然地域、行政區劃單位、傢俱類、盛物工具類、建築物類、身體部位（包括身上長的東西）、運輸工具、抽象事物等。[9] 量詞進一步虛化，ʔdan^{1} 就成了其所稱量的名詞詞根的前綴，同時又兼作其所附著的名詞詞根的類別標記，即通過該詞綴，我們可以判斷出該詞所指稱的事物類別。通常情況下，以 ʔdan^{1} 為前綴的名詞所指稱的事物都具有網球狀的外形特徵或可載容的功能特點。

作為名詞前綴，lɯ^{0} 和 ʔdan^{1} 在以下幾類事物名詞中有交叉現象。

工具類：

lɯ^{0} tɕuai^{1}——ʔdan^{1} tɕuai^{1} 背簍

lɯ^{0} liaŋ^{3}——ʔdan^{1} liaŋ^{3} 傘

lɯ^{0} lok^{7}——ʔdan^{1} lok^{7} 風車

lɯ^{0} θa^{3}——ʔdan^{1} θa^{3} 紛車

lɯ^{0} ðaŋ^{1}——ʔdan^{1} ðaŋ^{1} 篩子

lɯ^{0} naŋ^{3}——ʔdan^{1} naŋ^{3} 甑子

傢俱類：

lɯ^{0} soŋ^{2}——ʔdan^{1} soŋ^{2} 桌子

lɯ^{0} taŋ^{5}——ʔdan^{1} taŋ^{5} 凳子

lɯ^{0} θiaŋ^{1}——ʔdan^{1} θiaŋ^{1} 箱子

lɯ^{0} kui^{6}——ʔdan^{1} kui^{6} 櫃子

容器器皿類：

lɯ^{0} sa：n^{3}——ʔdan^{1} sa：n^{3} 杯子

lɯ^{0} pa：n^{2}——ʔdan^{1} pa：n^{2} 盤子

lɯ^{0} puin^{2}——ʔdan^{1} puin^{2} 盆

lɯ^{0} toŋ^{3}——ʔdan^{1} toŋ^{3} 桶

lɯ^{0} tuai^{4}——ʔdan^{1} tuai^{4} 碗

lɯ^{0} ŋuam^{6}——ʔdan^{1} ŋuam^{6} 缽

建築物類：

lɯ⁰ ða：n² —— ʔdan¹ ða：n² 房子
lɯ⁰ tiaŋ² —— ʔdan¹ tiaŋ² 灰棚
lɯ⁰ jiŋ² —— ʔdan¹ jiŋ² 營盤
lɯ⁰ ɕiŋ² —— ʔdan¹ ɕiŋ² 城市
lɯ⁰ ʔba：n⁴ —— ʔdan¹ ʔba：n⁴ 寨子
lɯ⁰ koŋ⁶ —— ʔdan¹ koŋ⁶（牲口）圈

自然風物類：

lɯ⁰ po¹ —— ʔdan¹ po¹ 山
lɯ⁰ pja¹ —— ʔdan¹ pja¹ 山岩
lɯ⁰ ʔbɯn¹ —— ʔdan¹ ʔbɯn¹ 天
lɯ⁰ ðoŋ³ —— ʔdan¹ ðoŋ³ 消水洞

交通工具類：

lɯ⁰ θwa² —— ʔdan¹ θwa² 筏子
lɯ⁰ ðau² —— ʔdan¹ ðau² 船
lɯ⁰ tɕeu⁶ —— ʔdan¹ tɕeu⁶ 轎子

樂器類：

lɯ⁰ ȵan² —— ʔdan¹ ȵan² 銅鼓
lɯ⁰ jen² —— ʔdan¹ jen² 二胡

lɯ^{0} tɕoŋ^{1}——ʔdan^{1} tɕoŋ^{1} 鼓

lɯ^{0} la^{2}——ʔdan^{1} la^{2} 鑼

其他類如「帽子」lɯ^{0} ma：u^{6}——ʔdan^{1} ma：u^{6}、「床鋪」lɯ^{0} ʔdan^{5}——ʔdan^{1} ʔdan^{5} 等，都可以在前綴 lɯ^{0} 和 ʔdan^{1} 之間自由替換。但有些詞是不能替換的，如 lɯ^{0} 和 ʔdan^{1} 都可以作為身體部位名詞詞根的前綴，但二者在這方面卻沒有出現交叉，即用 lɯ^{0} 的詞根不能用 ʔdan^{1}，用 ʔdan^{1} 的詞根不能用 lɯ^{0}。其他類的一些名詞詞綴也不能用ʔdan^{1} 替換 lɯ^{0}，如自然風物類的 lɯ^{0} ʔdan^{1} 森林、lɯ^{0} ɣa：i^{3} 大海、lɯ^{0} ta^{6} 河、lɯ^{0} ði^{6} 旱地、lɯ^{0} na^{2} 稻田等，其前綴都不能替換為 ʔdan^{1}。

從上文所舉例子來看，ʔdan^{1} 和 lɯ^{0} 所附著的詞根有很多共同的特徵。上文所列的七種類型的名詞都可以相互替換，身體部位名詞詞根雖不能交叉，但 lɯ^{0} 和 ʔdan^{1} 都可以用，說明二者關係非常密切。從 ʔdan^{1} 可以作名量詞而 lɯ^{0} 不具備量詞特性這一點來看，lɯ^{0} 的虛化程度要比ʔdan^{1} 更高，根據布依語內部語音演變的規律可以初步判斷，lɯ^{0} 作為前綴，是 ʔdan^{1} 進一步虛化的結果。以下從兩個方面分析這種演變在音理上的可能性。

首先是聲母方面，布依語聲母系統中雖然〔ʔd〕和〔l〕並存，但由於發音部位比較接近，次濁音〔ʔd〕朝邊音〔l〕方向發展在音理上是有可能的。最典型的例子是，在前綴 lɯ^{0} 出現的地區，基數詞ʔdan^{1}「一」出現在量詞之後時發生音變讀為 lo^{1}（33 調值）的情況幾乎沒有例外。此外，次濁音〔ʔd〕在局部地區發生變異後均讀作舌尖前鼻音〔n〕，再受鼻音邊音互混這一現象的影響，發生音變讀為〔l〕。二十世紀八〇年代中期，筆者在貴州省黔西南一帶調查時，已經發現這一音變現象的存在。如 ʔdan¹「裡面」讀作 naj¹/lai¹、ʔdan⁴「得到」讀作 nai⁴/lai⁴ 等。在壯傣語支內部，也存在次濁音〔ʔd〕與邊音〔l〕對應的情況。傣語德宏方言的聲母系統中沒有次濁音聲母〔ʔd〕和鼻音聲母〔n〕，該語支其他語言讀作〔ʔd〕和〔n〕的字在傣語德宏方言中都讀作邊音〔l〕。〔ʔd〕對應〔l〕的部分詞如表 1 所示。[9]

表1　傣語德宏方言的變音現象

漢語	壯語（武鳴）	布依語	傣語（西）	傣語（德）
月	ʔdɯ：n¹	ʔdiən¹	ʔdən¹	lən¹
骨頭	ʔdo：k⁷	ʔdo⁵	ʔduk⁹	luk⁷
簸箕	ʔdoŋ³	ʔdoŋ⁴	ʔduŋ³	loŋ³
紅	ʔdiŋ¹	ʔdiŋ¹	ʔdɛŋ¹	lɛŋ⁶
好	ʔdei¹	ʔdi¹	ʔdi¹	li⁶
生（肉）	ʔdip⁷	ʔdip⁷	ʔdip⁷	lip⁷

其次，從韻母方面看，儘管 ʔdan¹ 和 lɯ⁰ 有較大差別，但在語流中聽感是很接近的。ʔdan¹ 作為量詞時，因為是單獨使用，聲、韻、調的發音都很清晰，但當它作為前綴時，便出現了語音弱化現象，鼻音韻尾／-n／消失，元音央化，聲調也讀得很弱，變成一個近似 ʔdə⁰ 的音，這樣就與 lɯ⁰ 很接近了。

在目前出現前綴 lɯ⁰ 的地區，ʔdan¹ 雖然也作為前綴，但仍以充當量詞為主，ʔdan¹ 的前綴功能往往由一個聽起來比較模糊的音所取代，這個音便是 ʔdə⁰。它可理解為前綴，也可以理解為方位詞「裡邊」，即 ʔdan¹。

如「大海」ʔdə^{0}ɣa：i^{3}，也可以理解成ʔdan^{1}oɣa：i^{3}「海裡」，但多數情況下仍主要以 lɯ^{0} 作前綴；再如 sɯ^{0}「心」，指「心理」「思想」，是抽象名詞，常用前綴為 lɯ^{0}，有時用弱讀的ʔdə^{0}，同樣可以理解為方位詞「裡邊」，即「心裡邊」，表示具體的人體器官「心臟」時，前綴用ʔdan^{1}，而不用 lɯ^{0}。

布依語中還有另一個名詞前綴 lɯk^{8}，本義為「兒子」，出現在動物名詞的前面時表示該類動物的幼雛，如 lɯk^{8}ɕi^{2} 牛犢、lɯk^{8}mu^{1} 豬仔、lɯk^{8}kai^{5} 小雞等，從這一用法虛化成前綴表示「小」的意思，與一些名詞詞根結合，表示該事物形體小或處於幼苗階段。從音理上來講，lɯk^{8} 演變為 lɯ^{0} 更具合理性，但詞彙意義上很難解釋清楚。一是因為二者在使用範圍上沒有交叉，二是因為 lɯk^{8} 有表示「小」的用法，而 lɯ^{0} 沒有。

參考文獻

〔1〕王均，等.壯侗語族語言簡志〔M〕.北京：民族出版社，1984.

〔2〕中國科學院少數民族語言研究所.布依語調查報告〔M〕.北京：科學出版社，1959.

〔3〕吳啟祿.貴陽布依語〔M〕.貴陽：貴州民族出版社，1992.

〔4〕王峰.布依語構詞的幾種方式〔J〕.三峽論壇（三峽文學理論版），2011（2）.

〔5〕小航，文安.壯語類屬詞頭與壯語量詞的關係〔J〕.廣西民族學院學報（哲學社會科學版），1988（4）.

〔6〕覃曉航.關於壯語量詞的詞頭化〔J〕.民族語文，2005（3）.

〔7〕李錦芳.布央語前綴〔J〕.語言研究，1998（2）.
〔8〕韋景雲，何霜，羅永現.燕齊壯語參考語法〔M〕.北京：中國社會科學出版社，2011.
〔9〕周國炎，朱德康.布依語名量詞語法過程的非線性特徵分析〔M〕//張公瑾，丁石慶.渾沌學與語言文化研究新起點.北京：中央民族大學出版社，2013.

（原載於《黔南民族師範學院學報》2014 年第 1 期）

布依語標準音四十年音變

龍海燕

伍文義、辛維、梁永樞《中國布依語對比研究》（下文簡稱《研究》）的「詞彙材料」提供了二十四個點五〇三個布依語常用詞的記音材料。〔1〕每個詞既有二十世紀五〇年代的發音，也有二十世紀九〇年代的發音。這為布依語語音歷時比較研究準備了語料。本文以布依語標準音——黔西南州望謨縣的復興布依話為研究對象，來考察布依語的語音變化。

一、布依語標準音二十世紀五〇年代和二十世紀九〇年代音系[1]

1. 二十世紀五〇年代音系

（1）聲母（26 個）

p		ʔb	m	pj				
						f	v	
						s	z	zv
t	tv	ʔd	n		l			
tɕ			ȵ			ɕ	j	ɕv
k	kv		ŋ					
ʔ				ʔj		h		ʔjv

1　《研究》歸納了聲母系統、聲調系統和單母音音位，沒有歸納韻母系統。我們依據《研究》提供的詞彙材料和相關資訊對 20 世紀 50 年代和 20 世紀 90 年代的語音系統做了歸納。我們歸納的 20 世紀 50 年代語音系統和《布依語調查報告》（中國科學院少數民族語言研究所主編，科學出版社，1959 年）有某些差異。另外，我們對《研究》所列 20 世紀 90 年代記音材料中的韻母做了適當歸納合併。

（2）韻母（71 個）

a				ɛ	e	o		i		u		ɯ	
ai	a:i	ɑi				oi							
au		ɑu	ɑɯ	eu			iu	ie			ɯə		
am		ɑm			ɔm	om		im		um			
an		ɑn	ɛn	en	ɔn	on	in	i:n	u:n	un		ɯn	
aŋ		ɑŋ		ɛŋ	eŋ	ɔŋ	oŋ	i:ŋ	iŋ	u:ŋ	uŋ	ɯ:ŋ	ɯŋ
ap		ɑp		ɛp		ɔp		i:p	ip		up	ɯ:t	ɯt
at		ɑt		ɛt	et	ɔt	ot	i:t	it	u:t	ut		
		ɑk			ɔk	ok		ik			uk		ɯk

（3）聲調（8 個）

舒聲調六個：第一調：13　第二調：11　第三調：33　第四調：31　第五調：35　第六調：53

促聲調兩個：第七調：35　第八調：33

2.二十世紀九〇年代音系

（1）聲母（22 個）

p	ʔb		m	pj			
						f	v
						θ	ð
t	ʔd		n		l		
tɕ			ȵ			ɕ	j
k	kv		ŋ			x	
ʔ				ʔj			

（2）韻母（69 個）

a			ε		ɔ	o		ɨ	i		u		
aːi	ai	ɑɨ			oi			ɨə	iε		uə	uəi	
aːu	au		εu						iu				
aːm	am				ɔm	om			im		um		
aːn	an		εn		ɔn	on	ən		in	iεn		un	uən
aːŋ	aŋ		εŋ	eŋ	ɔŋ	oŋ	əŋ	ɨəŋ	iŋ	iəŋ		uŋ	ueŋ
aːp	ap					op			ip	iəp			
aːt	at		εt		ɔt	ot	ət	ɨət	it	iət		ut	uət
	ak		εk		ɔk		ək		ik			uk	

（3）聲調（8 個）

舒聲調六個：第一調：24　第二調：42　第三調：52　第四調：31　第五調：35　第六調：33

促聲調兩個：第七調：35　第八調：34

二、二十世紀五〇年代、二十世紀九〇年代聲韻調對應情況

1. 聲母對應

二十世紀五〇年代和二十世紀九〇年代對應情況如表 1 至表 4 所示。

（1）塞音

表1　塞音聲母對比表

<table>
<tr><td>20世紀50年代</td><td>p</td><td>ʔb</td><td>t</td><td>ʔb</td><td>k</td><td colspan="2">ʔ</td></tr>
<tr><td>20世紀90年代</td><td>p</td><td>ʔb</td><td>t</td><td>ʔb</td><td>k</td><td>ʔ</td><td>ʔj</td></tr>
<tr><td>例詞</td><td>年</td><td>天空</td><td>河</td><td>森林</td><td>角</td><td>甘蔗</td><td>在</td></tr>
</table>

（2）塞擦音

表2　塞擦音聲母對比表

<table>
<tr><td>20世紀50年代</td><td>pj</td><td>tv</td><td>tɕ</td><td colspan="2">kv</td><td>ʔ</td><td>ʔjv</td></tr>
<tr><td>20世紀90年代</td><td>pj</td><td>t</td><td>tɕ</td><td>kw</td><td>k</td><td colspan="2">ʔj</td></tr>
<tr><td>例詞</td><td>雷</td><td>豆</td><td>金子</td><td>蜘蛛</td><td>鹽</td><td>眨（眼）</td><td>鋤頭</td></tr>
</table>

（3）鼻音

表3　鼻音聲母對比表

20世紀50年代	m	n	ȵ	ŋ
20世紀90年代	m	n	ȵ[1]	ŋ
例詞	霧	土	草	日子

（4）擦音

表4　擦音聲母對比表

<table>
<tr><td>20世紀50年代</td><td>f</td><td>v</td><td>s</td><td>z</td><td>zv</td><td>ɕv</td><td>ɕ</td><td colspan="2">h[2]</td><td colspan="2">j</td></tr>
<tr><td>20世紀90年代</td><td>f</td><td>v</td><td>θ[3]</td><td colspan="2">ð[4]</td><td colspan="3">ɕ</td><td colspan="2"></td><td></td></tr>
<tr><td>例詞</td><td>鐵</td><td>雲</td><td>大米</td><td>風</td><td>船</td><td>梨</td><td>桌子</td><td>海</td><td>晚上</td><td>薑</td><td>羊</td></tr>
</table>

1　有個別例外。

2　h在20世紀90年代的讀音，《研究》有幾種記法：x、xw、h、ɕ、ɦ，但有説明：x、xw、h、ɦ不能區別意義，w的摩擦很輕。所以20世紀90年代讀音實質上只有兩個：x和ɕ

3　20世紀50年代聲母s在20世紀90年代的讀音，《研究》有兩種記法：多數記為θ，少數為s。但有説明：s和θ不能區別意義，s是θ的變體。所以從音位的角度考慮，20世紀50年代的s到20世紀90年代只有一種讀音θ。

4　20世紀50年代聲母z在20世紀90年代有幾種記法：絕大多數記為ð，極少數記作z和ʒ。對這三個音的處理方法同上。

（5）邊音

邊音沒有變化，二十世紀五〇年代和九〇年代都讀 l。

2. 韻母對應

二十世紀五〇年代和二十世紀九〇年代韻母對應情況如表 5 至表 15 所示。

（1）單元音

表5　單元音韻母對比表

20世紀50年代	a	ɛ	e	o		i	u	ɯ
20世紀90年代	a	ɛ		o	ɔ	i	u	ɨ
例詞	雷	屎	沙	霧	骨頭	年	門	筷子

（2）複元音

表6　複母音韻元對比表I

20世紀50年代	aːi	ai		ɑi	oi		ɯi[1]	au		ɑu
20世紀90年代	aːi		ai		oi	uəi		aːu	au	
例詞	水牛	午飯	聰明	樹	碗	熊		蝙蝠	蜘蛛	

表7　複元音韻母對比表II

20世紀50年代	eu	iu		ɑɯ	ie	ɯə	
20世紀90年代	ɛu	iu	u	aɨ	ɨɛ	ɨə	uə
牙齒	提	在	葉子	肚臍	雲	豆	

1　20世紀50年代韻母ɯi沒有和它對應的20世紀90年代韻母。類似的情況還有姹ɛp、up、ok。

（3）-m 尾韻母

表 8　-m 尾韻母對比表

20 世紀 50 年代	am	ɑm		ɔm	om	um		im
20 世紀 90 年代	aːm		am	ɔm	om		um	im
例詞	土	晚上	水	酸	心臟	抱	風	金子

（4）-n 尾韻母

表 9　-n 尾韻母對比表 I

20 世紀 50 年代	an		ɑn		ɛn	en	ɔn		on	
20 世紀 90 年代	aːn	an		ɛn			ɔn	on		ɔn
例詞	村子	斧頭	銀子	岸	窄	木板	路	割	切	刺

表 10　-n 尾韻母對比表 II

20 世紀 50 年代	iːn	in	uːn	un			ɯn
20 世紀 90 年代	iɛn	in	uən		un	ən	
例詞	蚯蚓	石頭	爬	人	吞	雨	天空

（5）-ŋ 尾韻母

表 11　-ŋ 尾韻母對比表 I

20 世紀 50 年代	aŋ		ɑŋ		ɛŋ	eŋ		oŋ	ɔŋ		iːŋ
20 世紀 90 年代	aːŋ	aŋ		aːŋ	ɛŋ		eŋ	oŋ		ɔŋ	iəŋ
例詞	身體	彩虹	凳子	秤	薄	蚊子	推	桌子	森林	錯誤	尾巴

表 12　-ŋ 尾韻母對比表 II

20 世紀 50 年代	iŋ	uːŋ		uŋ		ɯːŋ	ɯŋ
20 世紀 90 年代	iŋ	ueŋ	oŋ		uŋ	ɨəŋ	əŋ
例詞	晌午飯	羊	織布機	彩虹	煮	補	手

（6）-p 尾韻母

表 13　-p 尾韻母對比表

20 世紀 50 年代	ap	ɑp	ɛp	ɔp	iːp	ip	up
20 世紀 90 年代	aːp	ap		op	iəp	ip	
例詞	擔	肝		斗笠	蚊帳	縫	

（7）-t 尾韻母

表 14　-t 尾韻母對比表

20 世紀 50 年代	at	ɑt		ɛt	et	ɔt		ot	iːt	it	uːt	ut	ɯːt	ɯt
20 世紀 90 年代	at		aːt	ɛt		ɔt	ot		iət	it	uət	ut	ɨət	ət
例詞	辣	跳蚤	早上	七	疼	竹子	螞蟻	脱	臭蟲	鴨子	擦	淡	翅膀	肺臟

（8）-k 尾韻母

表 15　-k 尾韻母對比表

20 世紀 50 年代	ɑk		ɔk		ik	uk	ɯk
20 世紀 90 年代	ak	ɛk	ɔk	ok	ik	uk	ək
例詞	胸	菜	鳥	掉	懶	老虎	女人

3. 聲調對應

二十世紀五〇年代和二十世紀九〇年代聲調對應情況如表 16 所示。

表 16　聲調對應表

	第一調	第二調	第三調	第四調	第五調	第六調	第七調	第八調
20 世紀 50 年代	13	11	33	31	35	53	35	33
20 世紀 90 年代	24	42	52	31	35	33	35	34
例詞	厚	田	臉	舅	過	河	小豬籠	挾，捉

三、音變特徵

1. 聲母變化特徵

（1）音系簡化。二十世紀五〇年代有二十六個聲母，二十世紀九〇年代減少到二十二個。有八個聲母消失，它們是 s、z、zv、tv、ɕv、kv、h、ʔjv；新增四個聲母，它們是 θ、ð、kw、x，聲母總數減少四個。

（2）擦音變化最快，塞擦音次之。擦音聲母只有 f、v、ɕ 沒有變化。s、z 分別前化為 θ、ð，zv、ɕv 分別讀 ðu、ɕu。從下文 tv、kv、ʔjv 中 v 變 u 的音變條件可以推知，zv、ɕv 裡 v 變 u 的條件應該也是 v 後接後、高元音 ɯ。j 在二十世紀九〇年代有兩種讀法：逢開口、合口保持舊讀，逢齊齒呼讀 x。如「薑」，二十世紀五〇年代讀 jiŋ^{13}，二十世紀九〇年代讀 xiŋ^{24}。h 的主要流向是前化讀 x，也有讀 ɕ 的，如「海」，二十世紀五〇年代讀 hai^{33}，二十世紀九〇年代老派讀 ɕei^{44}。

塞擦音裡 pj、tɕ、ʔj 沒有變化。tv、kv、ʔjv 三個聲母，塞音部分都不變，擦音部分發生變化。聲母 ʔjv 有兩個擦音，前一個擦音 j 不變，後一個擦音 v 有變化。三個聲母的擦音 v 最後都變成元音 u，音變的條件是逢後、高元音 ɯ，如「鹽」，二十世紀五〇年代讀 kvɯə^{13}，二十世紀九〇年代讀 kuə^{24}；「豆」，二十世紀五〇年代讀 tvɯə^{53}，二十世紀九〇年代新派讀 tuə^{33}，老派讀 tuə^{44}。由此可見，塞擦音的變化實際還是擦音部分在變。

鼻音幾乎不發生變化，只有「二」例外，二十世紀五〇年代讀 ȵi^{53}，二十世紀九〇年代讀 ŋi^{44}。塞音只有 ʔ 略有變化，逢齊齒呼二十世紀九〇年代讀 ʔj，如「在」，二十世紀五〇年代讀 ʔiu^{53}，二十世紀九〇年代讀 ʔiu^{35}，j

顯然是韻頭 i 擦化的結果。邊音一律無變化。

由此可見，聲母系統裡擦音最易發生變化，塞擦音次之，鼻音、塞音、邊音最穩定。曹志耘先生曾談到漢語全濁聲母的清化過程：「在一個方言裡，如果古全濁聲母系統是部分地發生了清化，從聲母的類別來看，最先清化的或者說最容易清化的是濁擦音聲母，其次是濁塞擦音聲母，而濁塞音聲母的變化速度是最緩慢的。」〔2〕這說明漢語濁音聲母清化，始於擦音，接著是塞擦音，塞音是最穩定的。布依語標準音聲母的變化同漢語全濁聲母的清化過程大體一致。

（3）前化。前化是布依語標準音聲母變化的重要內容，如 s 變θ，z 變ð，h 變 x。

（4）擦音-v 變成母音-u，甚至脫落。這種現象很普遍，如 tv 變成 tu，kv 變成 ku，ʔjv 變成ʔju 或 ʔj，zv 變成 ðu，ɕv 變成 ɕu 或 ɕ。

2. 韻母變化特徵

二十世紀九〇年代同二十世紀五〇年代相比，韻母有分有合，但總的數量大致相當。韻母中輔音韻尾很穩定，變化主要表現在元音。

（1）低化與高化並存。單韻母低化，如 e 變成 ɛ，o（部分）變成 ɔ；複韻母低化，如 eu 變成 ɛu，ie 變成 iɛ；鼻韻母低化，如 um（部分）變成 om，en 變成 ɛn，on（部分）變成ɔn；eŋ（部分）變成ɛŋ，uːŋ（部分）、uŋ（部分）變成 oŋ；入聲韻低化，如 et 變成ɛt。鼻韻母高化，如 ɑn（部分）變成ɛn，ɔn（部分）變成 on，ɔŋ（部分）變成 oŋ；入聲韻高化，如

ɔp 變成 op，ɔt（部分）變成 ot，ɑt（部分）變成 εt，ɔk （部分）變成 ok。相比較而言，低化比高化更常見。

（2）前化。前化主要表現在後、低元音發音部位前移。複元音前化，如 ɑi 變成 ai，ɑu 變成 au，ɑɯ 變成 ɑɯ；鼻韻母前化，如 ɑm 變成 aːm 或 am，ɑn 變成 an 或 εn，ɑŋ 變成 aːŋ 或 aɨ；入聲韻前化，如 ɑp 變成 ap，ɑt 變成 aːt 或 at，ɑk 變成 ak 或εk。

（3）央化。央化主要是後、高或半高元音的央化。單元音央化，如 ɯ 變成 ɨ；複元音央化，如 ɯi 變成 ɨi，ɑɯ 變成 aɨ，ɯə（部分）變成 ɨə；鼻韻母央化，如 un（部分）變成 ən，ɯn 變成 ən，ɯŋ 變成 əŋ；入聲韻央化，如 ɯt 變成 ət，ɯk 變成 ək。

（4）ɑ＞a 推鏈產生 a＞aː。通過比較我們發現，不僅二十世紀五〇年代的長母音韻母 aːi 保持不變，而且短元音韻母 ai、au、am、ɑm、an、aŋ、ɑŋ、ap、ɑt，到二十世紀九〇年代都已經或正被長母音韻母 aːi、aːu、aːm、aːn、aːŋ、aːp、aːt 所取代。其音變的原因是什麼呢？我們認為這是語音系統自動調整的結果，是推鏈式連環音變造成的。這種推鏈式音變的推力來自後元音ɑ的前化，即 ɑ＞a。其音變過程是：二十世紀五〇年代，韻母 ɑi、ɑu、ɑm、ɑn、ɑŋ、ɑp、ɑt 和 ai、au、am、an、aŋ、ap、at 是對立的，由於ɑ＞a，於是前一類韻母紛紛向後一類韻母轉化，其結果必然導致大量同音字出現，而同音字的大量出現不利於言語交際，因此系統自動做出調整，推動原來的韻母 ai、au、am、an、aŋ、ap、at 以及極少數新出現的同類韻母向長母音 aːi、aːu、aːm、aːn、aːŋ、aːp、aːt 轉變。[3] 相反，二十世紀五〇年代的三個高長元音 iː、uː、ɯː比較穩定。從韻母系統看，二十世紀五〇年代的 iːn、iːŋ、iːp、iːt，二十世紀九〇年代分別對應 iɛn、iəŋ、iəp、iət，二十世紀五〇年代的 uːn、uːŋ、uːt，二十世紀九〇年代分別對應 uən、ueŋ、uət，二十世紀五〇年代的ɯːŋ、ɯːt，二十世紀九〇年代分別對應ɨəŋ、ɨət（ɨ來源於ɯ），這種韻母系統的差異，顯然不是因為語音出現實際變化，而是因為調查人記音的處理不同。

3. 聲調變化特徵

調類不變，調值有變化。前後調類都是八個，其中舒聲調六個，入聲調二個。調值變化有兩種情況：一種是不改變調型，如第一調；另一種是調型有變化，如第二、三、六、八調。調值也有不變的，如第四、五、七調。

四、總結

由於布依族歷史上沒有本民族通用的文字，大量保存下來的布依族摩經也往往是用今音去讀古音，所以很難獲得布依語語音歷史資料，也就做不了歷時比較。伍文義、辛維、梁永樞《中國布依語對比研究》的「詞彙材料」包含望謨縣復興布依話五百多個詞語的記音材料，每個詞既有二十世紀五〇年代的記音，也有二十世紀九〇年代的記音。雖然時間跨度只有四十年，但從語音的實際情況看，仍有歷時比較研究的價值。同二十世紀五〇年代相比，二十世紀九〇年代的復興布依話語音所發生的變化是聲母系統有所簡化，其中擦音變化最快，塞擦音次之，鼻音、塞音、邊音最穩定。韻母的變化主要表現在母音，輔音韻尾很穩定，元音變化既有低化、高化，亦有前化、央化。尤為引人關注的是二十世紀五〇年代短母音韻母 ai、au、am、ɑm、an、aŋ、ɑŋ、ap、ɑt，到二十世紀九〇年代都已經或正被長元音韻母 aːi、aːu、aːm、aːn、aːŋ、aːp、aːt 所取代。我們認為其原因在於後元音 ɑ 前化為 a（ɑ>a）所產生的強大推力，相反，高長元音 iː、uː、ɯː都比較穩定，聲調的調類未變，調值有所改變。

參考文獻

〔1〕伍文義，辛維，梁永樞.中國布依語對比研究〔M〕.貴陽：貴州人民出版社，2000.

〔2〕曹志耘.南部吳語語音研究〔M〕.北京：商務印書館，2002.

〔3〕徐通鏘.歷史語言學〔M〕.北京：商務印書館，1991.

（原載於《黔南民族師範學院學報》2013 年第 3 期）

布依族古歌有聲語檔建設初探

占升平

一、緣起

布依族是雲貴高原東南部的土著居民，現有人口三百萬左右（2000 年人口普查），主要居住在貴州省西南部紅水河和南盤江以北地區，少量散居於貴州境外。布依族有自己的語言，屬於壯侗語族北部語支，目前學界把它歸入壯語北部方言，根據內部語音差異分為三個土語區。布依族在漫長的發展史中創造了光輝燦爛的文化，是百越文化的重要組成部分。布依人在歷史上留下的豐富古籍是構成布依族非物質文化的重要元素，這些古籍按是否有文字記錄可分為口傳古籍和文獻古籍兩部分。以有聲形式存在的南方少數民族口傳古籍內容側重於創世記、造萬物、民族遷徙等民族史詩，堪稱這個民族的歷史記憶和百科全書。布依族的口傳古籍也稱布依族古歌，布依語叫 $wen^{1}tiu^{6}kuan^{5}$（古歌），是布依族古籍的主要傳承形式。（下文為稱述方便，把布依族的口傳古籍統稱為「布依族古歌」。）文獻古籍是口傳形式的書面記錄，記錄的書寫符號為仿漢字造字法而造的布依漢字（布依土俗字）或直接借用漢字記錄。布依族在歷史上沒有自己獨立的文字，文獻典籍中所用的文字是漢文化在布依族世居地廣泛傳播和漢語與布依語密切接觸後，一些布依族文化人士學習漢字的造字法自造土俗漢字和直接借用的漢字。用這種方式來記錄布依族古歌的書面材料，是布漢語言文化接觸交流的產物，最初出現的時間大約是明代以後。[1][2]文獻古籍因接觸的人有限，再加上沒有成熟獨立的文字系統，僅僅是說明記憶古歌的輔助工具，沒有發展為成熟的書面語言文學。除布依族祭師及專業研究人員外，布依族普通民眾鮮有機會接觸這種文字及用這種文字寫就的書面材料，因而文獻古籍沒有口傳古歌的群眾基礎廣。

從內容方面來看，布依族古歌主要有兩類：一類是在宗教祭祀儀式或重大節日等莊重場合由布依族的祭師——摩公演唱的經文，經過整理和文字記錄後稱為「摩經」；一類是在日常生產生活中廣為傳唱的風俗歌曲。這兩類歌詞的體裁都是以五字或七字為主的韻文，是在原始歌謠的基礎上發展起來的，經口耳相傳延續至今。兩者的結構形式大致相同，但演唱風格有異：前者帶有吟唱性，後者帶有抒情性。這些詞曲在布依族民間長期傳唱，具有悠久的歷史，可以說是布依族的古史歌或史詩。從語言學的角度來看，布依族古歌中有一些反映了古代布依族歷史和文化的古語詞，隨著社會的變遷和時代的發展，這批古語詞在布依族的日常口語中已基本消失，但在古歌中保存了下來，這些古語詞也是研究布依族語言學史的重要參考資料。[1]總之，布依族古歌中蘊含了豐富的歷史語言文化資訊，對重建布依族史和研究布依族古代語言文化生活的各個方面都有重要的參考價值。只是這種潛在的研究價值至今還沒有得到很好的開發和利用。令人擔憂的是，近年來這批布依族寶貴的非物質文化遺產因種種原因造成歌手和聽眾人數銳減，傳承乏人而處於瀕危狀態。這種狀況以前沒有引起學界的足夠關注，近年來隨著學界民族古籍整理工作的逐漸興起，布依族古歌失傳斷代問題才引起了一批布依語言文化研究者的重視，並採取多種措施搶救、挖掘、整理處於瀕危狀態的布依族古籍。到現在為止，在這方面取得的成果有：黃義仁、黎汝標等整理出版的《布依族古歌》《安王與祖王》《古謝經》，黃振邦、霍冠倫收集整理出版的《布依摩經——母祝文》，貴陽市南明區二戈村集體創作的《布依族經典古歌》等專著。這些出版物在注音和翻譯方面具有較高水準，比較真實地反映了布依族古歌的原貌，為相關研究提供了珍貴資料。此外，吳啟祿、周國炎、周國茂等學者還在古歌文獻整理方法上進行了多種探索。如吳啟祿在二十世紀八〇年代提出了布依族古歌古籍整理中「三結合」的方法，周國炎二十世紀九〇年代就嘗試建立摩經文本資料庫等。上述整理挖掘工作搶救了一批珍貴的布依族古歌資料，這些資料的出版發行也揭開了布依族古歌的神秘面紗，吸引了不少學者的研究興趣。但應該看到，學者們的這些搶救性挖掘整理工作主要集中在文獻典籍方面，重點在古歌手抄本的搜羅整理上，這些抄本因年代久遠，遺失損毀現象非常嚴重，如不及時搶救，這批珍貴的文獻材料就很難重見天日。文獻整理工作取得了一定成效，但應看到學者們的這些文本研究多停留在學術層面，成果也多是存留在文人案頭或檔案館、圖書室的紙質文本，能接觸到的人有限。加上對文本進行整理加工時，缺乏標準化、明晰化的標注，在數位化時代，這批沒有經過標準化、數位化處理的文本材料難以滿足資源分享和永久保存的要求，從而影響了其使用價值。因這一階段的重點在文獻古籍的搶救上，對各地眾多的口傳古歌的搶救、記錄工作無法同時展開。隨著時間的流逝，這批活著的口頭文學很可能會隨著年老的演唱者的逝去而流失，搶救和挖掘這批活語料到了刻不容緩的地步。針對布依族古歌失傳、文獻古籍原件流失嚴重，傳承人斷代的瀕危局面，有學者就提出秉著「救書、救人、救學科」的精神，目前應採取「保護為主、搶救第一、政府主導、社會參與」的方針加以全面的搶救和保護。[3]但在具體操作層面，目前布依學界還是在堅持走以傳統的文字記錄為主的老路。這種傳統的記錄、研究方法已不能滿足新形勢下布依族族群語言生活及族群外其他研究者或興趣愛好者的需求。怎樣利用現代採錄技術和新方法去全面記錄布依族古歌，在古歌傳唱者辭世前把這批珍貴的非物質文化遺產以影音形式和文本形式同步搶錄下來，經轉寫、標注再進行數位化加工後存貯在電子資料庫中，為布依族群在資訊化時代的語言文化建設、語言教育服務，同時為其他相關研究服務是當今布依語研究工作者需要思考的問題。本文欲參考國際和國內在搶救瀕危語言的實踐中發展起來的語檔語言學來探討布依族古歌整理工作中的新路徑。

二、瀕危語言問題和語檔語言學

處在同一社會環境中的不同語言由於各種原因地位各不相同。有些語言功能強一些，有些要弱一些，強弱的不同，會使語言在使用中自然分為強勢語言和弱勢語言兩類。在與強勢語言競爭的過程中，那些不太適應社會需要的弱勢語言會發生變化或走向衰退，甚至走向瀕危。弱勢語言的功能衰退或瀕危表現在使用範圍受限，出現語言轉用或完全被強勢語言所代替。瀕危語言是語言功能變化過程中的一種變異現象，是一種語言走向消亡前的臨界狀態。[4][5]瀕危語言的功能衰退表現在使用域受限，社會功能退化，這種限制和退化到了一定程度會導致語言的文化傳承功能喪失，最能體現語言生動性和文化獨特性的民間文學作品相繼失傳，本族語僅僅局限於表達日常生活用語，或退縮到家庭日常的簡單用語。[6]弱勢語言的持續衰亡是一種全球性現象。世界上現有的六千多種語言，在二十一世紀將有半數以上會消亡，原有的交際功能會被強勢的國家或地區官方語言所取代。語言是文化的載體，語言的消亡對於多元文化的文化生態會造成不可估量的損失；語言是民族身分的表徵，語言的消失會給這個民族帶來心理上的陰影；語言也是一種認知系統，一種思維方式的直接體現。語言多樣性的喪失，使人們擔心會不會造成人類思維方式的退化或絕對化。[7][8]語言瀕危或消失會給人類語言和文化生態多樣性帶來不可估量的損失，這個現象在二十世紀九〇年代就引起了國際國內語言學界的重視，一些政府和民間機構都積極加入到瀕危語言搶救工作中，使得瀕危語言研究在二十世紀後期得到很大發展。拯救瀕危語言給語言學界提出了一個新課題，很多學者積極投身於這個全新領域，在理論上進行了大膽的探索，在實踐上也是不斷突破傳統語言學的藩籬。二十世紀九〇年代，在電腦技術和語音合成技術快速發展及採錄工具日益精密化的支援下，一個新的語言學分支——Documentary Linguistics，有聲語檔語言學誕生了（國內有學者根據字面意思把它翻譯為「語檔語言學」）。這個學科強調用現代採錄工具和技術手段盡可能多地記錄即將消失的瀕危語言的原生態語料，經數位化處理後再將這些語料按標準化的格式進行標注，建立元語言資料集對這些數位化語料進行存取，並發布到公共共用網路平臺，以滿足不同使用者的需求。國外的有聲語檔語言學在理論方面逐漸走向成熟，實踐探索也取得了很多經驗。[9][10][11][12]語言瀕危現象是一個世界性的問題，我們國家也不例外。據有關資料顯示，中國二十世紀已調查到的一四三種語言中目前有九種已消亡，二十四種極度瀕危，另外二十種非常危急。[13]從這些統計資料來看，語言瀕危是中國語言規劃和語言保護工作中面臨的一個嚴峻問題。近二十年來，在借鑑國外語檔語言學所取得的經驗的基礎上，國內一些學者結合我們的語言國情，在中國瀕危語言保護方面進行了一系列的理論介紹和警醒宣傳。孫宏開〔7〕〔8〕、戴慶廈〔4〕〔5〕〔14〕、徐世璿〔15〕等關注中國語言的瀕危狀況，從語言政策、語言規劃和語言調查等方面提出了一系列建議和理論思考，並對中國瀕危語言研究方面的得失進行了客觀評價。一些學者除了進行理論思考外，還在針對瀕危語言記錄的語檔建設的具體技術操作層面進行了不同角度的研究。這方面的初期探索主要在語音合成技術、語音資料庫建設等方面，如王昆侖、宋國光〔16〕、劉岩〔17〕、高原等〔18〕、陳小瑩、陳晨等〔19〕、邵慧君、秦綠葉〔20〕、趙生輝〔21〕等。語音資料庫具有可以大量保存音效檔，利用語音分析軟體對語音進行精確分析，語料的反復利用等優點，為語言研究和語言應用提供很大便利，但在記錄和保護瀕危語言方面還存在功能單一的缺點。在各類不同語音資料庫的基礎上，一些學者吸收了國外語檔語言學的建設經驗，並結合中國少數民族語言的特點，開始探索怎樣利用這種新技術和操作標準來服務於中國的瀕危語言記錄和多用途的應用開發。如范俊軍〔13〕〔22〕〔23〕對有聲語檔建設中的基本原則、技術規範、語料採錄、語檔資訊網路平臺的構建、語檔產品的開發等一系列問題進行了深入討論，大力提倡語檔建設要走規範化和標準化的路子，以實現語檔多媒體資源的永久保存、保護和數位化資源的多方利用。鄭玉彤，李錦芳〔24〕、黃成龍，李雲兵，王鋒〔25〕等也對瀕危語言調查、語檔設計、語料的採集與標注、語音資料庫建設中的基本操作步驟都做了不同角度的探討。這些理論和操作規程探討為有聲語檔建設提供了理論基礎和實踐指導，使中國的語檔語言學建設方面逐步走向成熟。在此基礎上，一些研究機構為滿足不同研究需求，在軟體發展，語音資料庫及有聲語檔建設等方面也開始進行了實踐探索。如漢藏語同源詞研究（孫宏開）、現代漢語方言音庫（侯精一）、漢藏語系語言詞彙語音資料庫（江荻）、少數民族語言聲學參數資料庫（中央民族大學）、雲南少數民族語音資料庫（雲南民族大學）、聲飛田野調查語音軟體（范俊軍）等。上述研究雖然在規範化和標準化方面還存在這樣或那樣的缺點，但通過實踐不斷克服目前在語檔建設中存在的短板。如果能在標準化、規範化方面進一步完善，在技術方面進一步改進的話，我們完全有理由相信，語檔語言學在中國瀕危語言的記錄、保護和綜合利用方面會發揮越來越大的作用。可以說，以有聲語檔的形式記錄瀕危語言是今後瀕危語言研究的一個利器。布依語雖還不是瀕危語言，但布依族古歌的傳承正處於瀕危狀態，表現在：傳承人年齡偏大而後繼乏人，有斷代危險；文獻古籍損毀嚴重，紙質文本保存困難；傳唱場合受限，群眾基礎薄弱。傳統記錄、描寫方法已不能滿足全面記錄、保存處於瀕危中的布依族古歌的要求，我們嘗試借鑑有聲語檔語言學的研究方法來記錄、整理布依族古歌，以影音等直觀形象的多媒體形式保存珍貴的語言文化資料，以達到傳諸後人的目的並滿足多方研究的需求。

三、有聲語檔是搶救布依族古歌的有效工具

經過近二十年的摸索，國內外在利用有聲語檔搶救瀕危語言方面都有了較為成熟的理論體系和經驗積累，其影響力在語言學界也越來越大。借助現代化的採錄工具與電腦資料庫技術的強大功能，我們認為有聲語檔在

布依族古歌建設中也可以大顯身手，至少可在以下三個方面發揮重要作用。

一是可以促進布依語的本體研究，特別是在布依語的歷時演變研究方面。布依族古歌保留了較多早期的語言特色，是研究布依語史的重要材料。借用漢字或仿漢字造字法而造的土俗字記錄的布依族古歌詞，保留了不少早期布依、漢語中的一些語音特徵，是研究布依語歷時演變和布依、漢語接觸史和西南地區民族關係史的重要佐證。由於布依族沒有成熟的文字體系，故而缺乏豐富的文獻資料。這些口傳古歌及有限的文獻資料中保存的一些古語詞及不同時期的語音特點，是研究布依語演變的活化石。布依族古歌的語言學價值自不待言。有聲語檔採錄的語料比以前單純為滿足某種調查需要而設計的調查表格所涉及的語料要多得多，可以更好地滿足布依語研究的語料需求，特別是在布依語的歷時演變研究方面更具明顯優勢。

二是在保存布依族非物質文化方面可發揮重要作用。布依族古歌是布依族歷史上遺留下來的珍貴的精神財富和悠久的歷史文化載體。在全球化和工業化浪潮的雙重衝擊下，布依族中這種寶貴的非物質文化有失傳的危險。有聲語檔及其他介質的綜合運用，能更好地保存口傳和文獻史料。布依族古歌是布依族活的歷史檔案，用特殊字元記錄的摩經文獻極具史料價值。有聲語檔採用標準化、數位化的格式將多介質形式的古歌唱詞歸檔保存，可避免紙質記錄文本易損壞和口傳古歌失傳問題，在保存、保護布依族的非物質文化方面能夠發揮重要作用。

三是能更好地滿足資源分享要求。多媒體介質能更真實全面地記錄布依族古歌的語言面貌，經過中繼資料標識和數位化處理後的語檔存取方便，保真度高，可根據不同要求製作各種語言產品，通過公共共用平臺傳播以實現資源分享，為促進民族語言文化生態多樣化和民族關係和諧服務。這一範例在瀕危語言保護，特別是在搶救、發掘、整理民族口傳唱詞的實踐和理論探索中具有重要意義。

四、布依族古歌語檔建設的主要內容和基本思路

（一）布依族古歌有聲語檔建設的主要內容

布依族有聲語檔建設是一個系統工程，需要多方參與，也需要長期努力。我們的近期目標：一是進行布依族古歌唱詞的語料採集；二是對採集來的材料進行翻譯、轉寫、標注，同時對文獻古籍進行校勘；三是建立數位化有聲語檔。遠期目標：一是建設布依族古歌有聲語檔的公共共用平臺；二是進行多用途的語言產品的開發利用。目前，我們主要致力於達成近期目標。

（二）語檔建設的研究思路

有聲語檔是記錄瀕危語言的有效手段，能更全面、永久地保存瀕危語言的原貌。我們的研究思路是：通過攝錄手段採集自然語料，對採集到的語料進行同步標注，經資料化處理後建成有聲語檔資來源資料庫。把標準化、規範化的產品發布到公共共用平臺滿足不同社會需求，根據需要開發出各種語言終端產品。具體操作思路如下：

第一步是語料的採集。這是有聲語檔建設的基礎工作。布依族的語言在大多數布依族聚居區還保存完好，是布依族族群內部的通用交際工具，要採集這方面的自然語料比較容易。我們的研究重點是布依族古歌，是內容和形式較為固定的語料，而不是開放式話語材料，這決定了我們語料採集工作具有一定的方向性。雖然採集範圍已大大縮小，但我們的工作任務還是很重。首先我們面臨的是語料選擇問題。布依族古歌唱詞及記錄文本數量眾多，我們僅在黔南荔波一縣就搜集了五千多冊的摩經、儺經唱詞，布依族其他地區的這類古歌數量肯定也很多。要在短期內把各地眾多的古歌唱詞全部進行搜集、梳理是不現實的。針對這一問題，我們採取定點和定量相結合的辦法採集語料。因我們近年來多次去鎮寧、貞豐等地進行布依語實地調查，接觸過當地的一些布依族古歌材料，與當地的一些布摩先生有過多次接觸和交流，對這一地區的古歌演唱風格有一定了解，也搜集了一些口頭和文獻語料，為我們的下一步研究積累了一批一手材料。這裡是布依語三個土語的交匯區，也是布依族古歌保留較完整、演唱者眾多的調查點。因為我們熟悉這一地區的調查環境，也容易找到合適的發音合作人和古歌演唱者，所以我們的調查選點擬以鎮寧、貞豐為中心，並根據需要擴展到周邊縣市的一些點。從內容方面來說，我們擬採集三部分的語料：《布依族古歌》《安王和祖王》《古謝經》等文獻古籍中記錄的唱詞，這些古歌在各地布依族群中流傳較廣，其語言學及史料價值較大。經多年走訪調查，我們在安順地區搜集到了二十本手抄布依摩經。這些唱詞比較完整地反映了布依族的喪葬、祈福禳災儀式；布依族的勸酒歌、勞動歌、哭嫁歌等反映了該民族的一些民族風俗。前兩部分的原始語料約五萬個音節，由布依祭師演唱。最後一部分原始語料約二萬個音節，由布依族歌手演唱。這些語料都在安靜的室內環境中錄製，以保證採錄品質。

第二步是採用 Praat、ELAN 等軟體對語料進行同步轉寫、對譯、標注。先用新布依文和國際音標轉寫，再用漢語普通話逐字對譯和語句意譯，在後期加工階段還應加上英語意譯，以滿足國際交流的需要。標注擬分為句子、詞、音節、國際音標四個層次。布依古籍因流傳久遠，有些內容較古老深奧，對這些語料的背景、用法、事件、人物等進行注釋，以便於不同使用者對語料的有效利用。我們可以利用採集的有聲語檔和標注材料對現有相關文獻古籍進行校勘。這一步的工作量較大，也是布依族古歌有聲語檔建設過程中的一項重要工作。這一步中的難點是對古歌中的布依族古語詞的翻譯問題，演唱者雖是操本族語的摩公，但因其文化水準較低，對有些唱詞只知其然而不知其所以然，這要求譯者在對譯的時候要多與不同地區的摩公交流，集思廣益，再參照不同古歌中這些詞出現的語境，弄清楚這些古語詞的具體含義，這樣對正本唱詞的理解也是大有裨益的。

第三步是建立用中繼資料描寫和數位化的有聲語檔資料庫。語料採集標注並經數位化處理後以資料庫的形式存儲在電腦或互聯網中，為方便識別、存取、使用這些標注過的語料，還需建立一個中繼資料集進行描寫。同時，參照國際開放語檔聯盟（OLAC）制定的中繼資料集制定本研究的中繼資料集。在製作音訊、視頻檔時，應遵守《少數民族瀕危語言語檔格式規範與技術標準》，並以單機版資料庫軟體、網路資料庫和多媒體光碟等作為資料化終端產品，以滿足不同群體的使用需求和技術更新要求。

第四步是把有聲語檔發布到公共共用平臺，實現資源分享並根據社會需要開發各種終端語言產品。這些工作需要多方協作，是後期建設中的一項重要工作。

五、結語

布依族古歌是布依族群在長期的生產生活實踐中積累下來的珍貴的非物質文化遺產，是布依族寶貴的精神財富。由於強勢文化的持續衝擊和工業化、城鎮化進程的加快，這一寶貴的民族文化資源正處於瀕危狀態。傳統的記錄整理方法已不能滿足有效保護和全面記錄布依族古歌的要求，針對瀕危語言的保護和搶救而催生的有聲語檔語言學提供的技術手段和研究方法為布依族古歌整理工作提供了新的技術支援和理論指導。布依族古歌有聲語檔建設是個綜合工程，需要多人參與，多學科協作。目前我們前期田野調查主要以影音採錄為主，以多介質形式搜集語料；對原始語料進行標注、對譯，建立多媒體的語料庫；在後期整理中可把已出版或搜集到的手抄本摩經材料與我們採集的語料進行校勘、梳理，用 toolbox 建立布依族古歌小詞典；採用語音實驗儀器對採錄的話語材料進行標注和轉寫，遇到難以處理的音可借助實驗語音學的方法加以鑑別、求證，避免人耳聽辨的主觀性；把標注整理的材料用元語言標注後進行數位化建檔是滿足語檔能用於公共共用平臺的基本要求。借鑑語檔語言學的新理論和新方法，以期在布依族古歌整理中走出一條新路子，為布依族語言文化研究貢獻一點微薄的力量。

參考文獻

〔1〕周國炎.論布依族文獻古籍的發掘整理與研究〔J〕.貴州民族學院學報（哲學社會科學版），2010（2）.

〔2〕周國茂.摩教與摩文化〔M〕.貴陽：貴州人民出版社，2006.

〔3〕陳曉靜.論布依族文獻古籍的搶救與保護〔J〕.貴州文史叢刊，2011（1）.

〔4〕戴慶廈.瀕危語言研究在語言學中的地位〔J〕.長江學術，2006（1）.

〔5〕戴慶廈，鄧佑玲.瀕危語言研究中定性定位問題的初步思考〔J〕.中央民族大學學報，2001（2）.

〔6〕徐世璇.瀕危語言資料的記錄和存留〔J〕.廣西民族大學學報（哲學社會科學版），2006（5）.

〔7〕孫宏開.關於瀕危語言問題〔J〕.語言教學與研究，2001（1）.

〔8〕孫宏開.中國瀕危少數民族語言的搶救與保護〔J〕.暨南學報（哲學社會科學版），2006（5）.

〔9〕Himmelmann N P.Documentary and descriptive linguistics〔J〕.Linguistics, 1998, 36.

〔10〕Simons G, Steven B.The open language archives community: an infrastructure for distributed archiving of language resources〔J〕.Literary and Linguistic Computing, 2003(2).

〔11〕Simons G.Building an open language archives community〔J〕.Library Hi Tech, 2003(2).

〔12〕Austin P.Current trends in language documentation〔A〕//Austin P.Language Documentation and Description(Volume 4)〔C〕.London:

Hans Rausing Edangered Language Project, 2007.

〔13〕范俊軍.少數民族瀕危語言有聲語檔建設初探〔J〕.中央民族大學學報（哲學社會科學版），2011（1）.

〔14〕戴慶廈.「瀕危語言熱」二十年〔J〕.雲南師範大學學報（哲學社會科學版），2012（4）.

〔15〕徐世璇.論瀕危語言的文獻記錄〔J〕.當代語言學，2007（1）.

〔16〕王昆侖，宋國鋼.語音資料庫標注系統的初步設計〔J〕.新疆師範大學學報（自然科學版），2003（2）.

〔17〕劉岩.關於中國少數民族瀕危語言語音語料庫的設計〔J〕.中央民族大學學報，2006（4）.

〔18〕高原，等.多用途漢語方言語音資料庫的設計〔J〕.電腦工程與應用，2012（5）.

〔19〕陳小熒，等.語音語料庫的設計研究〔J〕.科技資訊，2008（36）.

〔20〕邵慧君，秦綠葉.論粵方言語音資料庫的建設〔J〕.學術研究，2008（4）.

〔21〕趙生輝.中國少數民族語言數位資訊分散式共用研究〔J〕.情報資料工作，2011（3）.

〔22〕范俊軍，張帆.面向少數民族瀕危語言的語檔語言學〔J〕.西北民族大學學報（哲學社會科學版），2011（6）.

〔23〕范俊軍.少數民族瀕危語言有聲語檔建設三論〔J〕.北方民族大學學報（哲學社會科學版），2011（3）.

〔24〕鄭玉彤，李錦芳.瀕危語言的調查記錄方法〔J〕.雲南師範大學學報（哲學社會科學版），2012（4）.

〔25〕黃成龍，等.紀錄語言學：一門新興交叉學科〔J〕.語言科學，2011（3）.

（原載於《黔南民族師範學院學報》2016 年第 3 期）

布依語方式副詞研究

陳娥

本文對布依語方式副詞進行系統的研究。為便於描寫，依據方式詞語的語法和語義特徵把布依語方式副詞分為以下五類：①同獨類；②狀態類；③情狀類；④按時類；⑤意志類。

本文所用語料多數來自《布依—漢詞典》〔1〕，部分來自《布依語長篇話語材料》〔2〕。

一、布依語方式副詞分類描寫及分析

（一）同獨類

同獨類方式副詞是對進行活動的施動者的數量進行描寫。根據施動者的數量，此類方式副詞可分為單獨類（有時是單個群體[1]）、依次類和共同類。

1. 單獨類

單獨類方式副詞的施動者數量是單一的，可以是單個個體，也可以是單個整體。布依語單獨類方式副詞包括 ka^{33}「獨自」、tan^{33} tu^{31}「單獨」、ʨhin^{33} ʦɿ^{24}「親自」、ɕin^{24} fɯŋ^{11}「親手」、ɕin^{24} ta^{24}「親眼」。其中，ka^{33}「獨自」是布依語固有詞，tan^{33} tu^{31}「單獨」和 ʨhin^{33} ʦɿ^{24}「親自」借自漢語，其語義和語法功能

1 單個群體指數量上是兩個以上的人，他們是作為一個整體實施同一個動作。

與漢語的「單獨」「親自」一樣，ɕin^{24} fɯŋ^{11}「親手」和ɕin^{24} ta^{24}「親眼」是仿照漢語的「親手」和「親眼」造的。單獨類方式副詞都位於所修飾的動詞之前，語義指向主語或賓語。例如：

（1） te^{24} ka^{33} pu^{31} to^{33} ɕi^{31} kuən^{33} leu^{0}.

他獨自 一人 習慣 了

他習慣了一個人獨處。

（2） te^{24} ka^{33} ju^{35} ʨie^{11} te^{24} ʦi^{53} xui^{33} zɯn^{31} ma^{42}.

他獨自在 那兒 指揮 人馬

他獨自在那兒指揮人馬。

（3） ku^{24} ʨai^{11} tan^{33} tu^{31} ðiəŋ^{11} mɯŋ^{11} tuŋ^{31} ka：ŋ^{53}.

我 想 單獨 跟 你 講話

我想單獨和你講話。

ka^{33}「獨自」表示動作行為由自己一個人實施，其主語只能是單數，表示不跟別人合在一起。如例（1）（2）中的 ka^{33}「獨自」的語義都指向句中的主語 te^{24}，例（3）中 tan^{33}tu^{31} 的語義指向賓語 mɯŋ^{11}。

ʨhin^{33} ʦɿ^{24}「親自」、ɕin^{24} fɯŋ^{11}「親手」、ɕin^{24} ta^{24}「親眼」都強調事情由自己直接去做或自己直接看到。例如：

（4） mɯŋ^{11} ʔdai^{31} ɕin^{24} ta^{24} ðan^{24} te^{24} ʔau^{24} lau^{11} fi^{33}？

你 得 親眼 看 他 拿 或 沒

你親眼看見他拿了沒有？

（5） ku^{24} ɕin^{24} fɯŋ^{11} jiən^{33} xaɯ^{53} te^{24}.

我　親　手　遞　給　他

我親手遞給他。

（6） po^{11} θu^{24} tɕhin^{33} tsɿ^{24} θoŋ^{35} xau^{31} ma^{24} xaɯ^{53} ku^{24}.

你們　親自　送　飯　來　給　我

你們親自給我送飯來。

tɕhin^{33} tsɿ^{24}「親自」、ɕin^{24} fɯŋ^{11}「親手」、ɕin^{24} ta^{24}「親眼」等一系列方式副詞要求句中的主語都是單一的，可以是單個個體，如例（4）（5）的主語都是單數 mɯŋ^{11}「你」、ku^{24}「我」，也可以是單個群體，如例（6）的主語是單個群體 po^{11} θu^{24}「你們」。從語義指向來看，例（4）至（6）中的ɕin^{24} ta^{24}、ɕin^{24} fɯŋ^{11}、tɕhin^{33} tsɿ^{24} 的語義分別指向主語 mɯŋ^{11}「你」、ku^{24}「我」、po^{11} θu^{24}「你們」。

2. 依次類

依次類方式副詞表示不同主體按照某一順序分別實施某動作行為，包括 na：p^{33}「依次」、tuŋ^{31} ta：m^{24}「依次」、tuŋ^{11} wa：n^{33}「輪流」。依次類方式副詞要求句中的主語或施事者是複數形式。例如：

（1） po^{11} θu^{24} na：p^{33} pai^{24} tuŋ^{31} ta：m^{24}.

你們　依次　去　相　連

你們依次緊跟著走。

（2） po^{11} te^{24} θoŋ^{24} pi^{31} nuəŋ^{31} tuŋ^{11} wa：n^{33} pai^{24} taɯ^{11} ðam^{31}.

他們　兩　兄弟　輪　流　去　守　水

他們兄弟倆輪流去守水。

依次類方式副詞的語義均指向句中的主語或動作的實施者，如例（1）中 na：p^{33}「依次」的語義指向主語 po^{11} θu^{24}「你們」，例（2）中 tuŋ^{11} wa：n^{33}「輪流」的語義指向主語 po^{11} te^{24} θoŋ^{24} pi^{31} nuəŋ^{31}「他們兄弟倆」。例（1）是同一意義的副詞 na：p^{33}「依次」和 tuŋ^{11} wa：n^{33}「輪流」在同一句子中同時出現形成同義框式結構，共同修飾動詞 pai^{24}。

3. 共同類

共同類方式副詞要求兩個以上的主體同時實施某一動作，因此主語必須是複數。布依語共同類方式副詞包括：pai^{11} to^{33}／pai^{11} ʔdeu^{24}「共同」，tuŋ^{31}「相互」，kuə^{33} toi^{33}／tuŋ^{31} pa：n^{31}／kuə^{33} ʔdeu^{24}「一道」；ka^{33}「各自」。前一組表示不同主體同時同地地實施某動作行為，後一組表示不同主體分別實施同樣的動作行為。

（1） kɯn^{11} ʔbɯn^{24} li^{31} θoŋ^{24} tɕa^{35} fei^{33} tɕi^{33} pai^{11} ʔdeu^{24} ʔbin^{24} kwa^{35} pai^{24}.

天上　有　兩　架　飛機　一起　飛　過去

天上有兩架飛機一起飛過去。

（2） ðau^{11} θoŋ^{24} pu^{31} kuə^{33} toi^{33} pai^{24}.

我們　兩　人　一起　去

我們倆一道去。

（3） te^{24} ðeu^{31} ku^{24} pai^{11} to^{33} pai^{24} xau^{53} tɕe^{31}.

他　和　我　一起　去　趕　集

他和我一起去趕集。

（4） xo^{53} te^{24} θoŋ^{24} pu^{31} ka^{33} ʔju^{35} ta：ŋ^{35} pa：i^{33} ʔa：p^{35}.

他們兩　人　各自　在　各　邊　遊

他們兩人各自在一邊遊。

共同類方式副詞要求句中的施事者是複數形式。有的句子的施事者直接用複數形式，如例（1）（2）（4）。有的句子的施事者用介詞短語構成複數形式，如（3）。方式副詞修飾的都是其後的動詞，語義卻都指向句中的主語或施事者。如例（1）至（4）中的方式副詞 $pai^{11}ʔdeu^{24}$「一起」、$kuə^{33}\ toi^{33}$「一起」、**$pai^{11}to^{33}$**「一起」、**ka^{33}**「各自」分別修飾動詞 $ʔbin^{24}$「飛」、**pai^{24}**「去」、$pai^{24}\ xau^{53}\ tɕe^{31}$「去趕集」、$ʔju^{35}\ ta:ŋ^{35}\ pa:i^{33}ʔa:p^{35}$「在自己的那邊遊」，它們的語義卻分別指向施事者 $θoŋ^{24}\ tɕa^{35}\ fei^{33}\ tɕi^{33}$「兩架飛機」、$ðau^{11}\ θoŋ^{24}\ pu^{31}$「我們兩人」、$te^{24}ðeu^{31}\ ku^{24}$「他和我」以及 **$xo^{53}te^{24}$**「他們」。

同獨類方式副詞都位於所修飾的中心詞之前，語義指向句中的主語或賓語。

（二）狀態類

狀態類方式副詞是對動作的狀態進行描寫，可分為弱量類和強量類。

1. 弱量類

弱量類方式副詞所表示的動作程度量比較弱小。從語義來看，弱量類方式副詞可表達「悄悄」「輕輕」「慢慢」「默默」「偷偷」和「低聲」等義。

$ka^{11}ʔdiəŋ^{24}$、$liəm^{11}$、$liəm^{11}liəm^{11}$、$θa^{53}\ liəm^{11}$、$ʔdiəŋ^{24}ʔdiəŋ^{24}$、$ðiŋ^{35}$、$ðum^{33}\ ðiŋ^{35}$都表示「悄悄」義，**$na:i^{33}na:i^{33}$** 表示「輕輕」義。例如：

（1） la^{53} lau^{11} li^{31} vɯn^{11} ʔju^{35}，mɯŋ^{11} na：i^{33} na：i^{33} pja：i^{53}.

樓 下 有 人 住 你 輕 輕 走

樓下有人住，你輕輕走。

（2） taŋ^{11} laŋ^{24} te^{24} na：i^{33} na：i^{33} ɕio^{31} ðo^{31} ka：ŋ^{53} ʔjai^{31} pai^{0}.

後來 他 慢 慢 學 會 講 布依語 了

後來他慢慢學會講布依語了。

（3） ka^{11} ʔdiəŋ^{24} nau^{11}，mjaɯ^{53} fɯə^{31} ðo^{31} ȵiə^{24}.

悄悄 說 別讓 別人 聽見

悄悄說，別讓別人聽見。

（4） ku^{24} ʔdiəŋ^{24} ʔdiəŋ^{24} pai^{24} θi^{24} laŋ^{24} te^{24}.

我 悄悄 去 順 後 他

我悄悄跟著他去。

「悄悄」義方式副詞只能修飾動詞或動詞短語，位於動詞前，語義指向所修飾的動詞。如例（1）中的 na：i^{33}na：i^{33} 修飾 pja：i^{53}，前置於 pja：i^{53}，語義也指向 pja：i^{53}。其他各例情況一樣。liəm^{11} liəm^{11} 是 liəm^{11} 的重疊形式。

ʔdam^{31}、ʔdam^{31} ʔdam^{31}、tɕam^{31} tɕa：ŋ^{53} 表示動作行為不出聲地進行，可譯作「靜靜地」或「默默地」。例如：

（5） te^{24} ka^{33} pu^{31} to^{33} ʔju^{35} tɕiə^{11} te^{24} kɯn^{24} ʔdam^{31} ʔdam^{31}.

他獨自一人在那兒吃靜靜

他獨自一人在那兒靜靜地吃。

（6）　te^{24} ʨam^{31} ʨa：ŋ^{53} naŋ^{33} xen^{11} ʔdeu^{24}，mi^{11} ka：ŋ^{53} xa：u^{35}.

他 默 默 坐 一邊 不 講 話

他默默地坐在一邊不說話。

例（5）（6）中的 ʔdam^{31} ʔdam^{31}「靜靜」、ʨam^{31} ʨa：ŋ^{53}「默默」都修飾動詞，語義指向所修飾的動詞。從位置來看，ʔdam^{31}、ʔdam^{31} ʔdam^{31} 位於所修飾動詞之後，如 ðiu^{24} ʔdam^{31}「暗笑」、kuə^{33} ʔdam^{31}「默默地做」以及例（5）的 kɯn^{24} ʔdam^{31} ʔdam^{31}「靜靜地吃」。ʨam^{31} ʨa：ŋ^{53} 位於所修飾動詞之前，如例（6）。ʔdam^{31} ʔdam^{31} 是 ʔdam^{31} 的重疊形式，ʔdam^{31} 還有「暗暗」之義。

ðak^{33} ðem^{31}「悄悄」、θa^{53} liəm^{11}「悄悄」和 kuə^{33} ðak^{35}「偷偷」都是前置方式副詞。例如：

（7）　te^{24} ðak^{33} ðem^{31} ðiəŋ^{11} ku^{24} nau^{11}.

他 悄悄 跟 我 說

他悄悄跟我說。

（8）　te^{24} θa^{53} liəm^{11} ma^{24}，θa^{53} liəm^{11} pai^{24}，mi^{11} li^{31} pu^{31} lauɯ^{11} ðo^{31}.

他 悄悄 來 悄悄 去 沒有 誰 知道

他悄悄來悄悄去，沒人知道。

（9）　ðau^{11} mi^{11} xauɯ^{53} te^{24} pai^{24}，te^{24} ka^{33} kuə^{33} ðak^{35} pai^{24}.

我們 不 讓 他 去 他 自己 偷偷 去

我們不讓他去，他自己偷偷去。

例（7）至（9）中的 ðak^{33} ðem^{31}「悄悄」、θa^{53} liəm^{11}「悄悄」和

kuə^{33} ðak^{35}「偷偷」都位於所修飾動詞之前，語義也指向其所修飾的動詞。

ʔo^{31} ʔje^{31}「低聲」和ʔdam^{31} ʔdit^{35}「暗地裡」都位於所修飾的動詞之後，語義指向所修飾的動詞。例如：

（10）ɕo^{35} vɯəŋ^{11} ʔa：ŋ^{35} ʔdam^{31} ʔdit^{35}.

祖王　高興　暗地裡

祖王暗自高興。

（11）θoŋ^{24} pau^{35} te^{24} ʔju^{35} pa：i^{33} ʔun^{31} ka：ŋ^{53} ʔo^{31} ʔje^{31}.

兩　男人那　在　那邊　講　低聲

那兩個男的在那邊低聲講話。

tɕan^{33} tɕan^{33}「漸漸」、na：i^{33} na：i^{33}「慢慢、漸漸」、na：i^{33} ma^{24} na：i^{33} ma^{24}「漸漸地」表示程度或數量緩慢地、連續地增加或減少。例如：

（12）tɕan^{33} tɕan^{33} ɕim^{24} ðan^{24} xen^{11} ðɔ n^{24} li^{31} ko^{24} fai^{31} pai^{0}.

漸漸　看　見　邊　路　有　樹　了

漸漸看到路邊有樹了。

（13）tɕan^{33} tɕan^{33} tɔk^{35} xen^{11} ðam^{35}.

漸漸　來到　邊　泗城府

漸漸來到泗城府邊。

（14）ʔbɯn^{24} tɕan^{33} tɕan^{33} ðoŋ^{33} pai^{0}.

天　漸漸　亮　了

天漸漸亮了。

（15） nai²⁴ tɕan³³ tɕan³³ la：u³¹ pai⁰.

雪 漸漸 大 了

風雪漸漸大了。

例（12）（13）是「漸漸+動詞」結構，例（14）（15）是「漸漸＋形容詞＋pai⁰」結構，該結構表示狀態的變化。「緩慢」義方式副詞位於所修飾的修飾動詞和形容詞之前，如例（12）至（15）。

2. 強量類

表示強量的方式副詞有 kɔŋ³³ ŋa：ŋ³³/ʔjɔŋ²⁴ ʔja：ŋ「猛然（起身）」、man³³man³³「緊緊」。前者表示動作迅速而突然，後者表示動作力量大。

（1） te²⁴ kɔŋ³³ ŋa：ŋ³³ ðun³⁵ tai³⁵ kɯn¹¹ taŋ³⁵ te²⁴ ma²⁴ kɯn¹¹.

他 猛然 起 從 上 凳子那 來 上

他猛然從凳子上起來。

（2） te²⁴ ʔjɔŋ²⁴ ʔja：ŋ²⁴ ðun³⁵ ma²⁴ ɕi³³ teu¹¹ pai⁰.

他 猛然 起 來就 跑 了

他猛然起身就跑了。

（3） te²⁴ tɕɔt³⁵ xo¹¹ ku²⁴ man³³ man³³.

他 箍住 脖子 我 緊 緊

他緊緊地箍住我的脖子。

表示強量的方式副詞都只能修飾動詞，語義指向所修飾的動詞。如例（1）（2）兩例的「猛然」分別修飾動詞 ðun³⁵「起」、ðun³⁵ ma²⁴「起來」，置於所修飾的中心詞之前，語義也指向所修飾的動詞。例（3）中的

man^{33} man^{33}「緊緊」修飾動詞 tɕɔt^{35}「箍」，置於所修飾的中心詞之後。

（三）情狀類

情狀類方式副詞可表達「重新」「白白」和「急忙」三種語義。

1.「重新」義

「重新」義方式副詞 ta：u^{35}、tshuŋ^{31} ɕin^{33}、ta：u^{35} mo^{35} 表示動作行為再一次或重複多次發生，譯作「重新」。例如：

（1） ðam^{31} ta^{33} ta：u^{35} ðim^{24} θiəŋ^{24}，ðam^{31} mɯəŋ^{24} ta：u^{35} ðim^{34} toŋ^{33}.
水 河 重新 滿 深潭 水 溝 重新 滿 田壩
河水重新滿深潭，溝水重新滿田壩。

（2） ku^{24} tshuŋ^{31} ɕin^{33} ɕɯ^{31} mo^{35}.
我 重新 買 再
我重新再買。

（3） lau^{53} sɿ^{33} xaɯ^{53} ku^{24} kuə^{33} ta：u^{35} mo^{35}.
老師 讓 我 做 重新
老師讓我重新做。

tshuŋ^{31} ɕin^{33} 借自漢語，ta：u^{35}、ta：u^{35} mo^{35}是布依語固有詞。ta：u^{35} mo^{35} 須置於所修飾的動詞後，tshuŋ^{31} ɕin^{33} 和 ta：u^{35}須置於所修飾的動詞前。「重新」義副詞都表示為了變更形式或內容而從頭開始，它們只能修飾句中的謂語動詞，語義指向所修飾的動詞。如例（1）（2）中的 ta：u^{35}、tshuŋ^{31} ɕin^{33} 都位於所修飾的中心詞 ðim^{24}、ɕɯ^{31}之前，語義也指向該中心詞。例（3）中的 ta：u^{35} mo^{35} 位於句末，語義指向所修飾的動詞 kuə^{33}。

2.「白白」義

「白白」義方式副詞表示對所得沒有付出代價，其可分為單音節詞和雙音節詞兩種。單音節的有 la：ŋ^{35}、ʔda^{31}、ʔdoi^{24}，雙音節的有ʔda^{31} la：ŋ^{35}、ʔda^{31} ʔda^{33}。單音節的都可譯作「白」，雙音節的可譯作「白白」。另外，la：ŋ^{35} 和 ʔdoi^{24} 還可譯作「空著手」。例如：

（1） te^{24} ʔju^{35} ða：n^{11} naŋ^{33} la：ŋ^{35} kɯn^{24} la：ŋ^{35}.

他 在 家 坐閑 吃 白

他在家閑坐著白吃。

（2） kɯn^{24} ʔdoi^{24} kɯn^{24} la：ŋ^{35}.

吃 白 吃 白

白吃。

（3） te^{24} ta：u^{35} tɕe^{31} pja：i^{53} la：ŋ^{35}.

他 趕集回 來 走 白

他趕完集空著手回來。

（4） ka：i^{35} ɕen^{11} mɯŋ^{11} ɕe^{24} ʔda^{31} la：ŋ^{35} pai.

個 錢 你 丟 白白 了

你那點錢白白地丟了。

（5） ma^{24} ta：u^{35} ʔdeu^{24} ʔda^{31} ʔda^{33}.

來 回 一 白白

白來一趟。

例（1）（2）表示沒有付出代價而有收穫，（3）至（5）表示付出代價而沒有收穫，無報償。例（4）（5）中的 ʔda³¹ la：ŋ³⁵ 和 ʔda³¹ ʔda³³ 是兩個「白」的相疊運用，ʔda³¹ ʔda³³ 中的第二個音節 ʔda³³ 是 ʔda³¹ 的重疊變調。「白」義方式副詞都位於所修飾的動詞之後，語義也都指向所修飾的中心詞。

3.「急忙」義

「急忙」義方式副詞表示因著急而加快動作，包括「急忙」義的 θi¹¹ θa：n¹¹、θi¹¹ θiə³³、ȵam¹¹ ȵa：ŋ³³、fɔŋ³³ feŋ³³、ɕap³³ ɕwa³¹、kɔŋ³³ ŋa：ŋ³³、piən³³ piən³³、fau³¹ fam³³、ɕap³³、ɕap³³ ɕwa³¹ 和「急速」義的 let³⁵。

（1） te²⁴ ðun³⁵ tin²⁴ pai²⁴ θi¹¹ θa：n¹¹.

他　起身　走 急忙

他急忙起身走了。

（2） tam³¹ ɕim²⁴ ðan²⁴ ku²⁴ te²⁴ ɕi³³ teu¹¹ fɔŋ³³ feŋ³³ leu⁰.

一　看　見　我 他 就溜掉 急忙 了

一看見我他就急忙溜掉了。

（3） te²⁴ kɔŋ³³ ŋa：ŋ³³ lai³³ tuə¹¹ ɕiə¹¹ pai²⁴ po²⁴.

他 急忙　趕　牛　去 山

他急忙把牛趕上山。

（4） te²⁴ le¹¹ kwa³⁵ pai²⁴ fau³¹ fam³³.

他 跑 過 去　急忙

他急忙跑過去。

從上文各例句可知，除 kɔŋ^{33} ŋa：ŋ^{33}「急忙」位於所修飾的中心詞之前外，其他「急忙」義方式副詞都位於所修飾的動詞之後，語義指向句中的動詞。能受「急忙」類方式副詞修飾的動詞都是可控動詞。

（四）按時類

按時類方式副詞表示按照規定的時間或日期做某事，包括 ŋan^{24} sɿ^{31}「按時」、ŋan^{24} tɕhi^{33}「按期」、tiŋ^{35} ɕɯ^{11} 定時、tɕi^{31} sɿ^{31}「及時」。布依語按時類方式副詞都借自漢語，其意義和用法分別與漢語中的「按期」「定時」「及時」類似。例如：

（1） po^{11} θu^{24} ma^{53} ŋan^{24} sɿ^{31} taŋ^{11}.

你們　要　按時　到

你們要按時到。

（2） te^{24} fi^{33} ŋan^{24} tɕhi^{33} xaɯ^{53} ɕen^{11}.

他 沒　按期　　給　錢

他沒有按期給錢。

（3） tiŋ^{35} ɕɯ^{11} me^{31} lɯk^{33}.

定時　　餵奶　　孩子

定時給孩子餵奶。

（4） te^{24} tɕi^{31} sɿ^{31} ma^{24} taŋ^{11}，mi^{11} ɕi^{33} ðau^{11} tu^{33} mi^{11} ðo^{31} taŋ^{53} laɯ^{11} kuə^{33}.

他 及時 來　到　要不 我們 都 不　知道　怎麼　做

他及時到，要不我們都不知怎麼辦。

能受按時類方式副詞修飾的動詞須是可控動詞，如例（1）至（4）中的動詞分別為 taŋ^{11}「到」、xauɯ^{53}「給」、me^{31}「餵奶」、ma^{24}「來」，都是可控動詞，句中的方式副詞ŋan^{24} sɿ^{31}「按時」、ŋan^{24} tɕhi^{33}「按期」、tiŋ^{35} ɕɯ^{11}「定時」、tɕi^{31} sɿ^{31}「及時」都位於所修飾的可控動詞之前，語義也都指向這些動詞。

（五）意志類

意志類方式副詞包括兩類：一類表示有意識地做某事，包括ɕiəŋ^{33} ʔi^{35}「特意」、ʦuan^{33} mɯn^{31}「專門」、pa^{31} waŋ^{11}「罷意」三個。ɕiəŋ^{33} ʔi^{35}「特意」是布依語固有詞，ʦuan^{33} mɯn^{31}「專門」借自漢語，pa^{31} waŋ^{11}「罷意」是當地方言，相當於「特意」。另一類表示乘著做某事的方便做另一件事，包括 ðiəŋ^{11} fɯŋ^{11}「隨手」、sun^{24} piɛn^{24}「順便」。例如：

（1）te^{24} ɕiəŋ^{33} ʔi^{35}／pa^{31} waŋ^{11} ma^{24} tɕiə^{11} ni^{31} ɕim^{24} mɯŋ^{11}.

他 特意／罷意 來 這裡 看 你

他特意來這兒看你。

（2）te^{24} ʦuan^{33} mɯn^{31} ma^{24} tɕiə^{11} ni^{31} ɕim^{24} mɯŋ^{11}.

他 專門 來 這裡 看 你

他專門到這裡來看你。

（3）ɕiŋ^{11} mɯŋ^{11} ðiəŋ^{11} fɯŋ^{11} xap^{35} tu^{24} pai^{11} ʔdeu^{24}.

請 你 隨手 關 門 一下

請你隨手關一下門。

（4） mɯŋ^{11} sun^{24} piɛn^{24} pa：ŋ^{24} ku^{24} tɯ^{11} θoŋ^{24} pa^{35} ɕen^{11} pai^{24} xaɯ^{53} te^{24}.

你　順便　幫　我 帶　兩　百 錢　去　給　他

你順便幫我帶兩百塊錢去給他。

意志類方式副詞都只能修飾動詞，位於所修飾的動詞之前，語義指向句中的施事者。如例（1）（2）中的方式副詞 ɕiəŋ^{33} ʔi^{35}/pa^{31} waŋ^{11}「特意」、ʦuan^{33} mɯn^{31}「專門」的語義都指向施事者 te^{24}「他」，例（3）（4）中的 ðiəŋ^{11} fɯŋ^{11}「隨手」、sun^{24} piɛn^{24}「順便」都指向施事者 mɯŋ^{11}「你」。

二、布依語方式副詞的特徵

本文把布依語方式副詞的分類及各次類對被修飾成分的選擇所呈現的特徵歸納為表 1。表 1 中「＋」號表示該類方式副詞普遍具有此功能，空格表示該方式副詞全無此項功能，「#」表示該類方式副詞中少數副詞具有此項功能。黑體詞語表示該方式副詞位於所修飾的中心詞之後，非黑體詞表示該詞語位於所修飾的中心詞之前。

表 1　布依語方式

方式副詞詞類	被修飾成分			語義指向					詞　例
	V	A	NumP	VP	AP	NP	S	NumP	
同獨類	＋	#		＋	#	＋			tan^{33} tu^{31}/ka^{33}「單獨」；ɕin^{24} ta^{24}「親眼」，ɕin^{24} fɯŋ^{11}「親手」，ɕuəŋ^{35} ʔda：ŋ^{24}/ʨhin^{33} tsɿ^{24}「親自」； pai^{11} to^{33}/pai^{11} ʔdeu^{24}/ɕai^{11}/tuŋ^{31} ʔju^{35}/kuə^{33} tɔi^{33}/tuŋ^{31}/kuə^{33} ʔdeu^{24}「一起、一道」； na：p^{33}/**tuŋ^{31} ta：m^{24}**「依次」，tuŋ^{11} wa：n^{33}「輪流」

續表

狀態類	＋	＃		＋	＃				ʔdiəŋ^{24} ʔdiəŋ^{24}/liəm^{11}/ðiŋ^{35}/liəm^{11} liəm^{11}/ka^{11} ʔdiəŋ^{24}「悄悄」；θa^{53} liəm^{11}/θim^{33}/ðak^{33} ðem^{31}/kuə^{33} ðak^{33}/tɕam^{31} tɕa：ŋ^{53}/ʔdam^{31} ʔdam^{31}；ʔdam^{31} ʔdit^{35}「暗地裡」；man^{33} man^{33}「緊緊」；ʔjɔŋ^{24} ʔja：ŋ^{24}/kɔŋ^{33} ŋa：ŋ^{33}「偷偷、悄悄」；tɕan^{33} tɕan^{33}/na：i^{33} na：i^{33}/na：i^{33} ma^{24} na：i^{33} ma^{24}「漸漸地」；kɔŋ^{33} ŋa：ŋ^{33}/ʔjɔŋ^{24} ʔja：ŋ^{24}「猛然」
情狀類	＋	＃		＋	＋				mo^{35} ta：u^{35}/ta：u^{35} mo^{35}/tshuŋ^{31} ɕin^{33}「重新」；ʔda^{31}/la：ŋ^{35}/ʔda^{4} la：ŋ^{35}/ʔda^{31} ʔda^{33} ʔd ɔi^{24}「白」「白白地」；kɔŋ^{33} ŋa：ŋ^{33}/θi^{11} θa：n^{11}/ȵam^{11} ȵa：ŋ^{33} piə n^{33} pi ə n^{33}/ɕap^{33} ɕwa^{31}/ɕap^{33}/fau^{31} fam^{33}/θi^{11} θiə^{33}/pau^{33} ȵa：ŋ^{11}/fɔŋ^{33} feŋ^{33}/；let^{35}「急速」/waŋ^{24} ma：u^{11}「趕忙」
按時類	＋			＋					ŋan^{24} sɿ^{31}「按時」；ŋan^{24} tɕhi^{33}「按期」
意志類	＋		＃	＋		＃		＃	ku^{24} ji^{24}/ɕuəŋ^{35} ʔi^{35}/ʔan^{35} sɯ^{53}/ɕiəŋ^{33} ʔi^{35}「特意」、tsuan^{33} mɯn^{31}「專門」、pa^{31} waŋ^{11}「罷意」；sun^{24} piɛn^{24}「順便」；ðiəŋ^{11} fɯŋ^{11}「隨手」

布依語方式副詞的特點：

（1）方式副詞的語義相對其他副詞來說比較實在，表示動作行為進行時或進行後的情景狀態、方式、形式、手段等。布依語方式副詞與其他副詞同時修飾中心詞時，一般緊靠謂語中心詞。

（2）布依語一共有六十六個方式副詞，其中十九個須置於所修飾的中心詞後，後置率為百分之三十一。

（3）布依語方式副詞多數只能修飾動詞，且是可控動詞，少數能修飾動態形容詞，都不能修飾靜態形容詞和數詞。

（4）重疊式較多。方式副詞有五個重疊詞：liəm^{11} liəm^{11} 是 liəm^{11} 的重疊式，ʔdam^{31} ʔdam^{31} 是ʔdam^{31} 的重疊式，ʔdiəŋ^{24} ʔdiəŋ^{24} 是ʔdiəŋ^{24} 的重疊式，ap^{33} ɕwa^{31}是ɕap^{33}的重疊式，ʔda^{31} ʔda^{33}是ʔda^{31}的重疊式。疊音詞有 man^{33} man^{33}、na：i^{33} na：i^{33} 、tɕan^{33} tɕan^{33} 。方式副詞是重疊式較多的一類副詞。

（5）同獨類方式副詞的語義均指向句中的主語或賓語，其他類方式副詞的語義都指向所修飾的中心語。

（6）部分意義相近的方式類副詞可構成同義框式結構，共同修飾同一中心詞。例如：

po^{11} θu^{24} na：p^{33} pai^{24} tuŋ^{31} ta：m^{24}.

你們　依次　去　相連

你們依次緊跟著走。

該句中的 na：p^{33}「依次」和 tuŋ^{31} ta：m^{24}「依次」構成同義框式結構，它們一前一後於所修飾的中心詞 pai^{24}，共同修飾動詞 pai^{24} 。

（7） 布依語方式副詞多數為本族語固有詞，如 mo^{35}「重新」、ta：u^{35}「重新」、ʔdam^{31}ʔdam^{31}「暗地裡」等，也有借自漢語的，如 ʦhuŋ^{31} ɕin^{33}「重新」、ŋan^{24} ʂʅ^{31}「按時」、ŋan^{24} tɕhi^{33} 「按期」等。後置方式副詞都是本族語固有詞，借自漢語的方式副詞的語義和語法功能與漢語中相應的詞對應。

參考文獻

〔1〕周國炎.布依-漢詞典〔M〕.貴陽：貴州民族出版社，2011.

〔2〕周國炎.布依語長篇話語材料集〔M〕.北京：中央民族大學出版社，2010.

（原載於《黔南民族師範學院學報》2017年第3期）

現代荔波漢語尖團音現象略議

——以水、漢雙語者的讀音為例

曾曉渝

一、引言

荔波地處貴州省的南部邊陲，與廣西北部的南丹、河池相鄰（見圖 1）。

圖 1　現代貴州省地圖

荔波漢語，又稱荔波話，屬貴州西南官話的黔南方言。根據《貴州省志．漢語方言志》〔1〕，黔南方言分為都平片、凱麻片、荔波片；整個黔南方言的共同點之一是尖團音不分[1]。

筆者曾於二〇〇三年對荔波縣漢語和當地永康鄉

1　漢語方言的尖音指源自中古精組的細音字，如「酒」「津」，團音指源自中古見組的細音字，如「九」「巾」。現代漢語官話方言裡大多尖團音不分了，即「酒」「九」同音，「津」「巾」同音。

水語做過專門調查[1]，結果顯示：漢族人所說的荔波漢語，無論老幼均不分尖團〔2〕；水族人所說的荔波漢語卻尖團分明。

筆者調查漢語尖團音讀音過程中所記錄的兩位元荔波漢族中年發音人在發「九—酒」「丘—秋」「休—修」等團音—尖音組字時均讀為同音字，而當地的水族中年幹部指出：「九」與「酒」讀音是不同的。[2]為什麼會出現這種現象呢？筆者嘗試對此差異做出解釋。

二、現代荔波漢語音系

根據調查，現代荔波漢語音系存在著一定的年齡差異〔2〕，見表 1 至表 3。

（一）聲調

表 1　聲調的年齡差異

調類	例字	80 歲	71 歲	65 歲	56 歲	45 歲	40 歲	34 歲	22 歲	16 歲
陰平	詩衣媽開	33	33	33	33	33	33	33	33	33

1　2003 年遠藤光曉教授等日本學者及南開大學博士生等十幾位同行共同參與了調查。荔波縣漢語的漢族人發音合作者包括楊錦鵬，男，65 歲；董凡，男，56 歲；李銀榮；女，47 歲；蒙若勇，男，40 歲；韋敏權，男，34 歲；安榮舉，男，22 歲；董明川，男，16 歲。此外，我們還請了三位漢族老人蒙建華（男，71 歲）、李世儒（男，80 歲）、曹樹彬（男，84 歲）和兩位兒童莊婷（女，8 歲）、全修豪（男，8 歲）。我們調查了他們荔波音系代表字的讀音，除了兩位 8 歲兒童是布依族（他們不會說布依語，只會說漢語荔波話和普通話），其餘都是土生土長在荔波縣城的漢族人。荔波縣永康鄉水語和荔波漢語的水族人發音合作者包括蒙熙儒，男，67 歲，永康鄉水族人，貴州省荔波縣人大委員會退休幹部；蒙紹秋，男，70 歲，永康鄉水族人，貴州省荔波縣職業高中退休教師；姚炳烈，40 歲，永康鄉水族人，貴州荔波縣檔案局幹部。

2　之後問這位水族幹部，他是水語、漢語雙母語者，從荔波鄉下到縣城當幹部已經二十多年了。他很肯定自己說的荔波漢語很標準，他的漢族同事也都認為他說的就是地道的荔波話，和漢族同事的一樣，沒有區別。

續表

調類	例字	80歲	71歲	65歲	56歲	45歲	40歲	34歲	22歲	16歲
陽平	時移麻才 石一麥七	52	52	52	52	52	52	52	52	52
上聲	使椅馬口	55	55	55，45	45	45	55，45	45	35	35
去聲	是意罵怕	113	113	113，213	113，213	213，21	21	213，21	213，21	21

老年人　中年人　青年人
陰平　33 ⟶
陽平　52 ⟶
上聲　55 ⟶ 55/45 ⟶ 35
去聲　113 ⟶ 113/213 ⟶ 21

（二）聲母

現代荔波話的聲母系統比較簡單，共有二十一個（包括零聲母）：

p 布步 p^{h} 怕盤 m 門妹 f（x）符胡飛
t 到道 t^{h} 太同 n 難 l 蘭呂
tɕ精經 $tɕ^{h}$ 秋丘 ȵ女 ɕ修休
ts 祖主 ts^{h} 醋處 s 蘇書 z 認日
k 貴跪 k^{h} 開葵 ŋ 硬襖 x 紅灰
ø（v）元遠而約

各年齡段的聲母基本一致，差別變化僅限於青年 f＞x、中年ø＞v，具體表現如表 2 所示。

表 2　聲母的年齡差異

例字	80歲	71歲	65歲	56歲	45歲	40歲	34歲	22歲	16歲
胡	f	f	f	f	f	f	f	f	f, x
元遠	ø	ø	ø	ø	ø	v	v	ø	ø

（三）韻母

與其他地方的西南官話比較，荔波話的韻母系統突出特點是中古鹹山攝鼻音韻尾脫落，同時，一些陰聲韻卻滋生出弱鼻化音。我們按開、齊、合、撮的分類標準排列出荔波話的韻母系統格局，表 3 為韻母存在年齡差異的部分（其中音變層次用「＞」來連接表示即老年讀音＞中年、青年讀音；老年讀音＞中年讀音＞青年讀音）。

ɿ 資知 i 第以　u　故午 yi 雨虛

A 爬辣　iA 架丫　uA 花刷

m　兵丁 yn 雲群

Aŋ　桑黨 iAŋ 良羊　uAŋ 光王

oŋ 紅翁 ioŋ 兄勇

表 3　韻母的年齡差異

ɑɔ＞ɔ 保草	iɑɔ＞iɔ 條腰		
o＞ou 河說	io＞iou 腳約		
ou＞ɐu　斗收	iəu＞iɐu　油牛		
iu　育流			
ɤ＞ɤɯ＞əɯ 色		uə ɯ̃＞uəɯ 官緩	
ɐɹ＞ɤɯ＞əɯ 耳		uəɯ 國	
ei＞ɐi 倍妹	ie＞eI＞ei 列鐵別	uei＞uɐi 桂尾 ie＞yei 雪	
	ie＞ieI 姐切爺		ye＞yeI＞Yei 月
	iē＞eI＞ei 連田邊		yē＞yeI＞Yei 元圓玄
iē＞ieI 簡錢淹			
ɐe＞æ̃ 才賣		uɐe＞u æ̃ 乖歪	

續表

ã>æ̃殘慢 uã>uæ̃關彎			
ən>ɐn 根更	ien 心今	uən>uɐn	

三、荔波漢族、水族人的尖團音讀音差異

（一）荔波漢語裡的尖團音

荔波漢語裡尖音、團音的對立已基本消失。下面列舉幾組同音字來說明（下加橫線的是尖音，聲調按青年組讀音）：

tɕi〔˧〕雞稽基機饑　〔˨˩˧〕積跡脊籍績寂急級及吉極擊激　〔˧˥〕擠己紀幾　〔˨˩˧〕祭際濟劑計繼技寄記忌冀器棄既季

tɕhi〔˧〕妻欺　〔˨˩˧〕齊臍七漆疾奇騎其棋旗祁祈集乞戚　〔˧˥〕啟企起豈　〔˨˩˧〕氣泣

tɕyi〔˧〕居車—馬炮　〔˨˩˧〕矢　〔˧˥〕舉矩　〔˨˩˧〕聚巨拒距據鋸句具懼

tɕhyi〔˧〕蛆趨區　〔˨˩˧〕渠　〔˧˥〕取娶　〔˨˩˧〕趣去

tɕieɪ〔˧〕尖煎肩堅皆階監兼間艱奸　〔˨˩˧〕接截捷劫傑揭節結潔〔˧˥〕姐剪解減儉檢繭　〔˨˩˧〕借箭賤漸踐介界屆戒艦劍件鍵建見

tɕhieɪ〔˧〕簽箋千遷謙牽鉛〔˨˩˧〕潛錢前鉗乾切　〔˧˥〕且淺遣〔˨˩˧〕欠歉

tɕien〔˧〕精晶睛津京驚荊鯨經今金禁襟巾斤筋莖　〔˧˥〕錦緊謹景警井頸僅　〔˨˩˧〕盡進晉靜勁徑禁近勁境敬鏡競

tɕhien〔˧〕侵親清青欽輕　〔˨˩˧〕秦情琴禽勤芹　〔˧˥〕寢請　〔˨˩˧〕親—家慶

不過，調查中僅有一位八十四歲的老年人在極少詞的讀音上還保持著尖團對立（見表4）。

表4　荔波漢語裡尖團音使用情況

例詞	老年人	中年人	青年人	備注
尖	$tsiẽ^{33}$	$tɕie^{33}$	$tɕiei^{33}$	古精母字
剪	$tsiẽ^{55}$	$tɕie^{45}$	$tɕiei^{35}$	古精母字
姐	$tsie^{55}$	$tɕie^{45}$	$tɕiei^{35}$	古精母字
間	$tɕiẽ^{33}$	$tɕie^{33}$	$tɕiei^{33}$	古見母字

（二）荔波水語裡漢借詞的尖團音

筆者調查的荔波永康鄉水語屬於水語中的三洞土語。三洞水族鄉歷史上行政區劃一直歸荔波縣，直到二十世紀五〇年代末隨著三都水族自治縣的成立，水族聚居的三洞鄉才劃歸三都縣。然而，由於地域上三洞鄉離荔波縣城更近，人們至今仍保持著到荔波縣趕大集的習慣。

在荔波永康水語裡存在著大量的古漢語和近現代漢語借詞，古借詞的尖團音存在 tsj-，sj-與 kj-ȶ-，ɕ-的區別，但由於本族音系制約及歷史音變造成了複雜交錯情況〔3〕，而近現代漢借詞的尖音 tsj-，sj-和團音ȶ-，ɕ-則清晰對立，為便於說明問題，這裡選取永康水語近現代漢借詞的尖團音舉例（見表5）。

表5　永康水語近現代漢借詞尖團音

漢語	水語借詞讀意（團音）	漢語	水語借詞讀意（尖音）
斤	$ȶen^{2}$，$ȶin^{3}$	賤	$tsjen^{6}$
幸福	$ɕin^{1}fu^{2}$	先進	$sjen^{3}tsin^{1}$
機器	$ȶi^{3}ȶhi^{1}$	相信	$sja:ŋ^{3}sin^{1}$

續表

學校	ɕo^{2}ɕa：u^{1}	信書	sin^{1}
教育	ʨa：u^{1}ju^{2}	思想	sɿ^{3}sja：ŋ^{6}
積極	tsi^{2}ʨi^{2}	積極	tsi^{2}ʨi^{2}
季節	ʨi^{1}tsje^{2}	季節	ʨi^{1}tsje^{2}
經濟	ʨin^{3}ʨi^{1}	經濟	ʨin^{3}ʨi^{1} 例外， 「濟」是精母字

以上水語裡近現代漢借詞尖團對立的讀音，在聽感上聲韻調與荔波漢語很近似，因此，使用水、漢雙語的水族人會不自覺地出現「母語負遷移」，把水語中的這些近現代漢借詞直接用於他們說的荔波漢語中（荔波水語沒有鼻化音，而水族人所說的荔波漢語「天錢」等字是帶鼻音尾的）。

四、荔波漢語尖團音現象溯源

黔南方言的三個小片為都平片（包括都勻、丹寨、獨山、平塘、三都）、凱麻片（包括凱里、麻江、雷山）和荔波片（荔波），其中荔波片僅分布於荔波縣區域，由此顯出荔波漢語的特殊性。

據《荔波縣志》記載，自宋代開寶三年（970）始建羈縻荔波州，荔波就隸屬於廣西慶遠府，直到清代順治元年（1644）荔波縣屬貴州省，順治十六年（1659）又改屬廣西慶遠府，雍正十年（1732）再劃歸貴州省至今。[4] 荔波歷史上長期隸屬廣西而不歸貴州的原因在於荔波漢語有別於黔南方言其他方言小片。

當代廣西官話「除桂林官話外，一般都分尖團」[5]。今柳州城區的官話，中青年人基本不能區分尖團音了，而老年人還大致保持著尖團音的區別。[1]可見，雖然同屬西南官話，廣西官話與貴州官話的重要差異在於：廣西官話存在區分尖團音的現象，而貴州官話則尖團音合流了。

由此推測，由於荔波長期隸屬廣西慶遠府（見圖 2），荔波漢語方言實際上直接源自廣西的桂柳官話，荔波話尖團音合流的時間可能並不太長。二〇〇三年筆者在荔波調查時發現一位八十四歲的漢族老人個別詞分尖團音，當地水族人說的荔波話基本上都區分尖團音，這在一定程度上可予以佐證。[2]

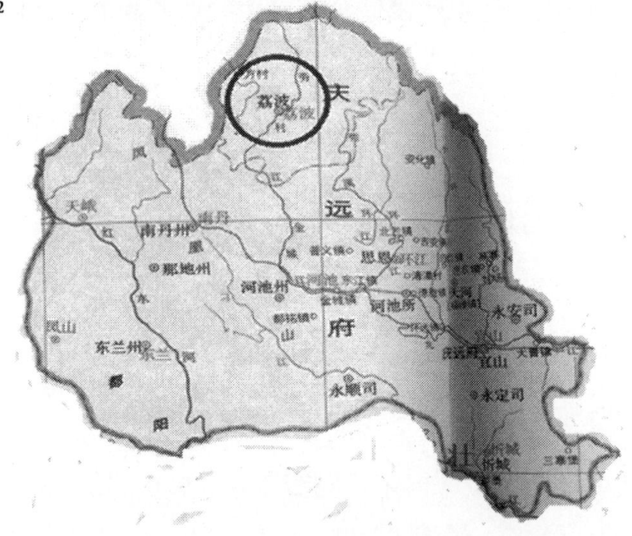

圖 2　明代廣西慶遠府地圖

1　來自於 2008 年南開大學中文系覃和萍本科畢業論文《柳州話聲母的年齡差異》。

2　水族是荔波縣世居的主要民族之一。據 1990 年年底統計，全縣水族人口 29254 人，占全縣總人口的 20.65%。

五、結語

水、漢雙語者所說的荔波漢語仍然分尖團音，主要是由於水語裡近現代漢語借詞分尖團音造成了「母語負遷移」，因為「母語干擾」首先表現在語音，其次是語法，再次是詞彙。

語言接觸過程中，借詞讀音要受本土語言音系的制約；水語裡的漢借詞之所以分尖團音，是因為水語音系條件（音節結構）與被借漢語的尖音、團音相匹配；荔波水語裡近現代漢借詞的尖團音分明，反映了近現代歷史上荔波漢語分尖團音的客觀事實。

少數民族語言裡的漢語借詞讀音，可以在一定程度上彌補漢語方言（尤其是語音方面）文獻資料缺乏的不足，其學術價值值得重視。除了本文討論的荔波水語和漢語，根據我們的田野調查，還有廣西陽朔、三江當地的西南官話已經不分尖團音了，但陽朔高田壯語、三江林溪侗語裡的近現代漢借詞均分尖團音，由此可以證明當地西南官話原本是分尖團音的。〔6〕

參考文獻

〔1〕貴州省地方志編纂委員會.貴州省志·漢語方言志〔M〕.北京：方志出版社，1998.

〔2〕曾曉渝.從年齡差異看現代荔波話音變的成因〔J〕.語言科學，2005（4）.

〔3〕曾曉渝.漢語水語關係論〔M〕.北京：商務印書館，2004.

〔4〕貴州省荔波縣地方志編纂委員會.荔波縣志〔M〕.北京：方志出版社，1997.

〔5〕廣西壯族自治區地方志編纂委員會.廣西通志・漢語方言・桂林官話〔M〕.南寧：廣西人民出版社，1998.

〔6〕曾曉渝.侗臺苗瑤語言裡的漢借詞研究〔M〕.北京：商務印書館，2010.

（原載於《黔南民族師範學院學報》2016年第4期）

昌明文庫・悅讀文化　A0605013

貴州少數民族語言文字研究　上冊

作　　者　韋　煜
責任編輯　林以邠
版權策畫　李煥芹

發 行 人　陳滿銘
總 經 理　梁錦興
總 編 輯　陳滿銘
副總編輯　張晏瑞
編 輯 所　萬卷樓圖書股份有限公司
排　　版　菩薩蠻數位文化有限公司
印　　刷　百通科技股份有限公司
封面設計　菩薩蠻數位文化有限公司

出　　版　昌明文化有限公司
桃園市龜山區中原街 32 號
電話　(02)23216565
發　　行　萬卷樓圖書股份有限公司
臺北市羅斯福路二段 41 號 6 樓之 3
電話　(02)23216565
傳真　(02)23218698
電郵　SERVICE@WANJUAN.COM.TW
大陸經銷　廈門外圖臺灣書店有限公司
電郵　JKB188@188.COM

ISBN 978-986-496-490-1
2019 年 3 月初版
定價：新臺幣 320 元

如何購買本書：
1. 轉帳購書，請透過以下帳戶
合作金庫銀行　古亭分行
戶名：萬卷樓圖書股份有限公司
帳號：0877717092596
2. 網路購書，請透過萬卷樓網站
網址　WWW.WANJUAN.COM.TW
大量購書，請直接聯繫我們，將有專人為您服務。客服：(02)23216565　分機 610
如有缺頁、破損或裝訂錯誤，請寄回更換

國家圖書館出版品預行編目資料
貴州少數民族語言文字研究 / 韋煜著. -- 初版. -- 桃園市：昌明文化出版；臺北市：萬卷樓發行, 2019.03
　冊；　公分
ISBN 978-986-496-490-1(上冊：平裝)

1.少數民族語言　2.貴州省

673.608　　108003219

本書為金門大學產學合作成果。　　**校對：江佩璇／金門大學華語文學系三年級**